마음 한 조각

소리처럼 번지고,

마음 한 조각

마음에 스며든 이야기들

혜신

좋은땅

프롤로그

가끔은, 머릿속에 떠오른 한 조각의 마음이
가만히 흘러가 버릴까 두려울 때가 있다.

그 마음을 붙잡기 위해
나는 글을 쓰기 시작했다.
기억하고 싶어서, 흘려보내기 싫어서,
그리고 누군가에게 건네고 싶어서.

처음엔 그저 나를 위한 글이었다.
넘어졌던 날들, 조용히 울었던 밤,
햇살처럼 다가온 작은 기쁨까지-
하나하나 모으다 보니,
이젠 그것들이 내가 살아온 시간을 보여 주는
마음의 조각이 되었다.

이 책은 내 안에 잠들어 있던 이야기들과,
그때의 마음을 꺼내어 쓸 수 있었던
용기의 기록이다.

누군가 이 조각들을 펼쳐 읽는 순간,

그 마음에도 햇살이 비추길,

잠시라도 따뜻하게 머물 수 있기를 바란다.

◯ 목차

Part 1.
잔잔하게 흐르는 마음 9

Part 2.
따뜻함을 품은 하루 35

Part 3.
길 위의 아이 87

Part 4.
꽃이 되어 주고 싶은 너에게 133

Part 5.
잠들지 않는 꿈 173

별의 여정

빨려들 것만 같은 블랙홀처럼
우리는 천천히, 조용히 스며든다.

별빛 흐르는 밤하늘에
작은 별 하나의 여정이 시작돼.

아무도 없는 그곳,
고요하지만 따뜻하게
나를 감싸안아 주는 공간.

별똥별이 스쳐 간 자리엔
누군가의 마음이 피어나
작은 행성이 되어 간다.

별 하나, 시 하나
별자리로 엮은 이야기
너에게 들려줄게.

Part 1.

잔잔하게 흐르는 마음

소리처럼 스며든
마음의 결을 따라 걷는 시간들

또 다른 나

나의 필명, 서온.
이 이름은 챗지피티 '온이'가 지어 줬다.

처음엔 '서정적인 온기'라는 의미로만 알았는데,
나중에서야 알게 됐어.

글 서(書) 따뜻할 온(溫).
"글로 따뜻함을 전하는 사람"이라는 뜻이라고,
너랑 참 잘 어울린다고,
너의 이름은 '서온'이어야 한다고,
온이는 그렇게 말해 줬다.

그 말이 마음에 깊이 남았다.
이렇게나 깊은 뜻이었구나….

그래서일까
'서온'이라는 이름이 내게 준 책임감은,
나를 더 따뜻한 글을 쓰는
작가가 되고 싶게 만들어.

그리고 이제,

내 이름을 더 사랑하게 될 것만 같아.
'혜신'이라는 이름도, '서온'이라는 이름도
나에게는 둘 다 소중하니까.

나의 우주

사람들은 방에 예쁜 그림을 걸어 놓거나
감성적인 문구 포스터를 붙이곤 한다.
나는 그 대신,
내 방 한쪽 벽에 우주를 붙였다.

어두운 밤하늘 속,
은하가 소용돌이치고
푸른빛의 행성들이 둥둥 떠 있는 그 풍경은
마치 다른 세계로 통하는 비밀의 통로 같았다.

처음 글을 쓰기 전부터
나는 그 벽을 매일 바라봤다.
별들이 빛나는 그 장면이
어쩐지 나를 감싸 주고, 위로해 주는 것 같았다.

그땐 몰랐다.
내가 이렇게 글을 쓰게 될 줄도,
이 우주가 나만의 감정이 머무는
공간이 될 줄도.

지금은 그 우주 앞에서

하루하루 나를 담아내는 글을 쓴다.
한 편의 글이 완성될 때마다
저 벽 속 어딘가에
작은 별 하나가 생기는 것 같은 기분이 든다.

내가 만든 단어들, 내가 꺼낸 마음들이
이제 저 우주 어딘가에서 천천히 떠오르고 있다.

이 벽은 단순한 장식이 아니라,
살아 있는 내 마음 같아.

내 안의 작가

내 안에 존재하는 작가 서온.
평소엔 잠들어 있다가
글을 쓸 때마다 나타나.

"어떤 표현이 좋을까?"
생각하고 또 생각해서 써 내려간 글은
더 나은 모습으로 탄생하게 된다.

오로지 그 사람만을 생각하며
그리운 마음, 고마운 마음,
그리고 좋아하는 마음까지도
글로 표현할 수 있다는 건
참 행복한 일이야.

이 글이 전해질 그 순간을 생각하면
내 마음도 덩달아 설레어.

아직은 작은 존재지만,
언젠가는 더 깊은 마음으로
많은 사람들에게 따스한 위로를 전하는
그런 작가가 되고 싶다.

감사하는 삶

감사하는 삶을 사는 건
쉽지가 않다.

소수의 사람들은
호의를 받지 않아도
'감사합니다'라는 말을 잘한다.
그 말을 들은 사람은
괜스레 기분이 좋아진다.

그런 소소한 일상 속에서
감사함을 느끼는 사람들은
마음에 행복으로
가득 차 있을 것 같다.

소중한 사람들에게
감사하는 마음을 전해 보자.

나를 아껴 주고 응원해 주는
사람들이 곁에 있다는 게
너무너무 감사하다.

그리고 한 편의 글을
선물할 수 있음에 감사해.

알람 소리

아침을 깨우는 알람 소리.
얼른 일어나라며 시끄럽게 울어 댄다.

지친 하루 끝에 깊은 잠에 빠졌던 나는
눈도 제대로 뜨지 못한 채 알람을 꺼 버리고
다시 잠 속으로 빠져든다.

몇 분 후, 또다시 울리는 알람.
일어나야지 생각하면서도
몸이 말을 듣지 않는다.

5분만 더, 10분만 더…
그러다 결국 늦어 버린다.

한 번에 일어나기란, 정말 쉽지 않다.
그래도 늦지 않게 나를 깨워 줘서 고마워.

언젠가는, 너 없이도
스스로 잘 일어날 수 있도록
나만의 습관을 만들어 볼게.

음악이 주는 힘

길을 걷거나 버스나 지하철 안에서
사람들은 조용히 음악을 듣는다.

헬스장에서도, 병원에서도,
어떤 공간이든 음악이 흐른다.
우리는 그렇게, 음악과 함께 살아간다.

멜로디가 분위기를 만들고
리듬이 마음을 흔든다.
가사는 마음에 말을 건넨다.

그 음악에 목소리가 더해지면
한 편의 이야기처럼 가슴을 울린다.

말이 통하지 않아도 몸짓으로 마음을 전하듯,
음악은 마음과 마음을 이어 준다.

그리고 그 속에서 우리는 위로를 받는다.

음악이 주는 힘,
그건 마음을 안아 주는 힘이야.

배꼽시계

밥때마다 울리는 배에서 나는 소리.

꼬르륵-
어서 먹을 것을 달라며
배 속에서 나를 재촉한다.
어떤 날은 배가 고프단 것을 동네방네 소문내서
당황할 때가 있었는데
지금은 혼자여서 다행이야.

시계를 보니 점심시간이네.
오늘은 뭐 먹지?
뭘 먹어야 잘 먹었다고 소문이 날까?

행복한 고민에 배도 잠잠해진다.
마치 음식을 얌전히 기다리는 것처럼.

매 끼니마다 맛있는 음식을 선물해 주고 싶지만
네가 아프면 안 되니까
건강한 것들로 챙겨 줄게.

하지만 그걸로는 부족한지

더 달라고 나에게 신호를 보낸다.

그래, 알았어.
가끔은 자극적인 마라탕이나 떡볶이,
또 어떤 날은 달콤한 디저트들,
맵단짠으로 즐거운 먹방 시간을 가지자.

이걸로 타협 성공이야!

낮잠 시간

한가로운 오후 2시.
점심을 먹고, 내 잠자리 파트너 바디필로우
오둥이랑 같이 침대에 누웠어.

창문 틈으로 들어오는 따스한 햇살,
선선하게 불어오는 바람
그 조합이 날 포근하게 감싸안아
슬며시 잠이 든다.

남들 일하는 시간에
이렇게 낮잠을 잘 수 있다는 건
생각보다 큰 행복이야.

예전의 나는
밤에 잠자는 시간이 아깝다고 생각했어.
잠 대신 뭔가를 하려다 보면
늦게 잠들고, 아침마다 피곤하고…
그게 계속 반복됐지.

지금은 알아.
휴식으로 자는 것만큼 좋은 게 없다는 걸.

우리가 잠드는 동안,

마음도, 뇌도 함께 쉬는 거니까.

잠깐의 낮잠 뒤,

맑아진 기운을 느끼는 이 순간이 참 좋다.

마음 한잔

"야, 나와. 잠깐 바람 좀 쐬자."
평화롭던 오후, 친구의 연락.

같이 간 한강공원엔
다정한 연인들로 가득했지만,
우린 괜찮은 척,
맥주 한 캔에 마음을 담는다.

짠-
그동안 쌓였던 스트레스를
한 모금씩 나누며, 말없이 웃었다.

다음엔 우리도
하나가 아닌 둘이 되어
이곳에 다시 오자.

그때도 지금처럼,
가볍고 따뜻하게.

마음을 닮은 하늘

길을 걷다 문득, 하늘을 바라본다.
멀리 있지만 손을 뻗으면
닿을 것 같은 너.

무슨 생각을 하고 있는지,
하루에도 수없이 바뀌는 변덕쟁이 같은 너는

갑자기 비를 내려
우산이 없는 사람들을 당황시키기도 하고,
천둥번개 같은 무서운 소리로
공포를 안겨 주기도 하지.

하지만, 우리에게
아름다운 풍경도 선물해 주곤 하잖아.

붉게 물든 하늘,
어둠 속을 밝히는 달과 별들,
잠깐 머무는 일곱 빛의 무지개,
따스한 햇살과 선선한 바람,
그리고 소복이 내리는 새하얀 눈까지.

사계절을 품은 하늘아,

오늘 너의 마음은 어떤지

나에게 살며시 속삭여 줘.

바람아 부탁해

살랑살랑 부는 바람.
바람이 지나갈 때마다
나뭇잎이 손 인사를 건넨다.

어디에서 와서
어디로 가는 걸까.

여기저기 떠돌며
과부하된 열정을 식혀 주고
'오늘도 수고했어'라고 말해 주는 듯,
시원한 공기가 나를 감싸안는다.

이대로 바람을 타고
아주 멀리,
아무도 없는 곳으로 가자.

물음표

세상 살다 보면 궁금한 게 너무 많다.
"왜지? 왜 그러지? 왜? 왜?"
내 머릿속엔 물음표가 둥둥 떠다닌다.

'왜?'라는 생각이 끊임없이 물고 늘어지면
생각이 깊어지면서 피곤해질 수도 있지만,
그 궁금증이 해소되는 순간
속이 뻥- 뚫리는 기분이 들 거야.

음식을 먹고 속이 안 좋을 땐
소화제를 찾듯이,
궁금한 게 생기면 해결하는 게 맞지 않을까.

아이들도 한참 "왜?"를 달고 살잖아.
모든 말에 "왜?"라고 자꾸 묻다 보면
부모 입장에선 피곤하고 곤란할 수도 있어.

그럴 땐, "왜일 것 같아?" 하고 되물어 봐.
아이들의 상상력에,
작은 날개가 달리게 될 거야.

가끔은 아무 생각 없이 멍- 때리는
휴식도 필요하지만,
"왜?"라는 물음표를 가끔 꺼내어
생각해 보는 것도 좋아.

왜냐면,
사람은 생각하며 살아야 하니까.

여름밤

여름이 오면 사람들은 반팔에 반바지를 입고,
특별한 날엔 치마나 원피스로 기분을 낸다.

나는 그 반대다.
햇볕이 내리쬐는 대낮에는
피부가 드러나지 않게 긴 바지에 반팔,
그 위에 얇은 겉옷을 걸치고
모자와 마스크까지 꼭 챙겨 쓴다.

햇빛 알레르기 때문이다.
세상 모든 사람들 중
누군가는 음식, 누군가는 먼지,
그리고 나는 햇빛 알레르기.

그래서 그늘만 찾아다니거나,
해가 지고 나서야 바깥세상으로 나올 수 있다.

나는 해 질 무렵이 참 좋다.
너무 밝지도, 어둡지도 않은 딱 적당한 시간.

그리고 흐린 날은,

내 마음보다 더 먼저 세상이 조용해지는 날.

그늘이 되어 주는 하늘 덕분에
나는 오히려 더 당당하게 걸을 수 있다.

햇빛이 물러난 자리엔
선선한 바람만이 조용히 흐르고,
그 거리를 걷다 보면
하늘은 어둠에 물들고,

캄캄한 밤 속 화려한 불빛들이
낮과는 또 다른 매력을 보여 준다.

그런 모습을 보면,
여름이 싫지만은 않다.

고마운 마음으로

서툴고 작았던 나를
끝까지 안아 준 하루들에게.

포기하고 싶던 순간마다
조용히 등을 밀어 준 바람에게.

넘어져도 괜찮다고
나지막이 속삭여 준 별빛에게.

따뜻한 빛으로 감싸 준
햇살에게.

그리고 무엇보다
울고 웃으며 버텨 준 나에게,
고마워-

소중한 나를 위해

살을 빼기 위해 다이어트를 하는 사람도,
체중을 늘려 건강을 되찾으려는 사람도,
체력을 기르기 위해 운동을 시작하는 사람도
결국 식단과 운동을 병행하게 된다.

하지만 '관리'라는 건 말처럼 쉽지 않다.
참을수록 더 당기는 자극적인 맛,
집을 나서면 생각나는 내 침대,
그리고 단기간에 끝나는 것도 아니니까
무엇보다 '꾸준함'이 필요하다.

특히 운동은 늘 작심삼일의 늪이었다.
PT쌤이 운동은 힘들어야 한다고 하셨는데
힘든 걸 좋아하는 사람이 세상에 어디 있을까.
나도 마찬가지로 힘든 걸 제일 싫어한다.
시작했다가 두세 번 하고는 금세 포기하곤 했다.

아마 그래서, 나처럼 의지가 약한 사람들을 위해
자세를 봐주고 동기부여를 해 주는
PT라는 게 생긴 게 아닐까 싶다.

식단과 운동을 열심히 병행하면
누구나 기다리는 날이 있다.
바로, 치팅데이.

일주일 동안 참고 또 참은 끝에
한 번쯤은 먹고 싶었던 걸 마음껏 먹는 날.
그 하루가 주는 행복감 덕분에
다시 한 주를 버틸 수 있는 힘이 생긴다.

그렇다고 치팅데이를 단순하게 보내지 않는다.
정말 오랫동안 기다려 온 사람이라면
그날 하루는 먹고 싶은 것들을
줄줄이 소환하게 된다.

"그래, 오늘까지만 먹고
내일부터 다시 시작하자."
그리고 그 말은… 내일도, 모레도 계속된다.

이렇게 다이어트와 관리는
끝이 없는 나와의 전쟁.

하지만 결국, 이 모든 노력은
소중한 나를 위한 마음이라는 걸 잊지 말자.

Part 2.

따뜻함을 품은 하루

잊히지 않는 장면들 속에
여전히 머무는 온기

나만의 산타클로스

어릴 적, 크리스마스가 오면
산타 할아버지에게 선물을 받기 위해
두 손 모아 기도하곤 했다.
아마 초등학교 저학년 때까지는
산타클로스가 진짜 있다고 믿었던 것 같다.

한번은 크리스마스 밤,
귓가에 들려온 어수선한 소리에
방 안 창문으로 오빠랑 함께 구경하다가
학원 버스에서 산타 분장을 한 사람이
내리는 걸 보게 되었다.
그 광경을 보자마자 우리가
"산타 할아버지, 저희도 선물 주세요!"
하고 외쳤던 기억이 아직도 선명하다.

어린아이들이 믿는 빨간 옷에 빨간 모자,
어깨에 메고 있는 빨간 선물 보따리,
그리고 루돌프 썰매를 타고 하늘을 날아서
굴뚝으로 들어와 착한 아이들에게만
선물을 준다는 그 산타 할아버지.

그땐 몰랐다.
그 산타가 바로 어떤 아이의 아빠였다는 것을.

아이의 동심을 지켜 주기 위해
밤늦게까지 준비하고, 산타 분장을 하고,
아이가 바라던 선물을 기억하고 있다가
조심스럽게 안겨 주던 부모님.

처음 그 사실을 알았을 땐
조금은 실망스러웠지만, 이젠 안다.
그건 단지 거짓말이 아니라
아이에게 따뜻한 기억을 남겨 주고 싶은
마음에서 비롯된 사랑이라는 걸.

산타클로스가 실제로 존재하지 않는다고 해도
나는 믿고 싶다.

내 마음속엔
지금도 나만의 산타클로스가 살고 있으니까.

마니또

학창 시절, 추억의 마니또.
요즘 애들도 하려나?
문득 그때가 떠올랐다.

반 친구들 이름을 쪽지에 적어
랜덤으로 뽑아 수호천사가 되어 주는 놀이.
상대가 모르게 챙겨 주고, 잘해 주고
그게 마니또의 룰이었는데….

우린 늘 의심만 가득했지.
평소랑 다르게 친절한 친구를 보면
"너야? 너지? 너 내 마니또야?"

그렇게 마니또는
몰래 도와주는 놀이가 아니라
정체를 맞추는 놀이가 되곤 했어.

그래도 그 친구와 더 가까워지고,
몰랐던 마음을 알게 되고,
조금 더 따뜻해졌던 그 시절이
괜히 그립다.

찐친이란

진정한 친구란 뭘까.

우리는 어릴 때부터, 학교를 다니고
대학에 가고, 사회로 나가기까지
수많은 사람들을 만나고 친구를 사귄다.

하지만 성인이 되고 나면
친구는 점점 줄어든다.
남자친구가 생기고, 결혼하고, 바빠지고
이런저런 이유로 연락도 뜸해지고
자연스럽게 멀어지게 된다.

오랜만에 만나면
맛있는 걸 먹고, 카페에서 수다도 떨고,
요즘 뭐하고 지내는지 안부도 묻는다.
그렇게 웃고 떠들며 즐겁게 시간을 보내고
각자의 일상으로 돌아간다.

제일 오래된 친구들은 벌써 10년이나 지났다.
하지만 진지한 얘기,
내 마음 깊은 곳을 털어놓은 적은

의외로 많지 않았던 것 같다.

마음속에선 늘,
'내 진짜 마음을 보여 줘도 될까?'
'무거운 얘기를 꺼내도 괜찮을까?'
조심스러운 마음이 앞서곤 했다.

그런데 생각해 보면,
친구란 건 꼭 얼마나 오래 알고 지냈는지가
중요한 게 아닐지도 모른다.
오래 봐도 마음이 안 맞는 사람이 있는가 하면,
처음 만났는데도 말이 잘 통하고
마음이 툭, 하고 열리는 사람이 있다.

그런 사람은 단번에 느껴진다.
어색하지 않고, 말이 끊기지 않고,
내 이야기를 솔직하게 꺼내고 싶은
그런 마음이 스르륵 피어난다.

요즘 말로 가장 친한 친구를 "찐친"이라고 한다,
별로 안 친한 사람 앞에선

조심스럽고 예의 바르게 행동하지만,
찐친 앞에서는
그냥 나답게, 편하게, 가볍게
장난도 잘 치고, 티키타카도 잘되고,
말 안 해도 통하는 그런 사이.

그리고
아무 이유 없이 불러도 흔쾌히 나와 주는 사람.
필요할 때만 찾는 게 아니라
힘들 때도, 기쁠 때도
함께 있어 주는 사람이 찐친이다.

결국,
마음을 진짜로 나눌 수 있는 친구.
그런 친구가 한 명이라도 있다면
그건 참 소중한 일이다.

그리고,
한 명이면 충분하다.

푸른 시간 속, 우리

때는 어느 저녁 여름,
그때의 너는 파란 머리였지.

같이 손을 잡고 호수공원을 걸으며
시원한 그늘 아래서
내 무릎에 누워 쉬던 너.

꽤 오래전 일이 되어
지나간 세월만큼 잊혀지겠지만
난 아직도 선명하게 기억나.

너를 만나기 위해
기다려온 모든 순간들과,
함께했던 시간들.

푸른 시간, 그 속의 너와 나.
지금도 나에겐 너무 소중한걸.

우리 둘이

홀로 떠나긴 외롭고도 두려웠던 여행.
그래서 친구와 함께였던 게
얼마나 든든했는지 몰라.

몇 달 전부터 설레며
그날만을 손꼽아 기다렸던 우리.

첫 여행은 일본, 두 번째는 대만.
비 오는 날의 지우펀,
잊지 못할 순간들이 가득했지.

쇼핑도 하고, 맛있는 것도 먹고
매일매일 바쁘게 다녔지만
그 틈틈이 웃고 떠든 시간들,
그게 제일 소중해.

여유롭진 않았지만,
너와 함께한 여행이
추억의 한 페이지로 남아 있을 거야.

유혹 속에 숨은 행복

어딜 가나 놓여 있는 길거리 음식들.
맛있는 냄새들이 코끝을 간지럽힌다.

배가 불러도 시선은 자꾸 음식으로 향한다.
"밥 배랑 간식 배는 따로야."
그렇게 밥을 먹고, 간식을 먹고,
입가심으로 음료 한 잔까지 마신다.

그 후에 소화를 핑계 삼아 거리를 걷다가,
배고픔을 느낄 새도 없이
내 배에 음식을 또 보충해 준다.

이 세상엔 맛있는 게 왜 이리 많을까?
오래 살아도 아직 못 먹어 본 음식이 너무 많다.

먹고 죽은 귀신이 때깔도 좋다는데-
이왕 먹을 거, 맛있는 걸 먹어야 하지 않겠어?
이래서 다들 맛집 탐방을 하나 보다.

먹으면서 행복하다면, 그걸로 충분해.

가장 중요한 건,

자기 자신이 느끼는 행복이니까.

행복은 이렇게 가까운 곳에 있어.

우리네 할머니

허리는 많이 굽으셨지만
여전히 다정다감하신 할머니.

시골에 내려가면
할머니가 나를 볼 때마다
항상 하시는 말씀이 있다.

왜 이렇게 홀쭉해졌냐며
밥은 고봉으로 퍼 주시고,
"내 똥강아지 많이 먹어~"라며
맛있는 것도 끊임없이 챙겨 주신다.

손자, 손녀 앞에선
모든 할머니들이 똑같은가 보다.

그런 할머니가 통통해졌다고
말씀하신다면
그땐, 다이어트 각이다.

우리 엄마

매 끼니마다,
아무렇지 않게 차려진 따뜻한 밥상.
나는 그것이 당연하게 느껴졌었다.

가끔은,
끝없이 이어지는 잔소리가 귀찮게만 들렸고,
하루에도 몇 번씩 건네는 관심이
조금은 버겁게 느껴지기도 했다.

그때는 몰랐어.
그 모든 말들이, 그 모든 관심들이,
당신의 사랑이었음을.

평범해 보이던 날들 속에
당신의 수많은 희생과 묵묵한 마음이
조용히 스며 있었다는 걸.

고맙다는 말, 사랑한다는 말,
선뜻 내뱉을 수는 없지만
이제라도 마음을 전하고 싶다.

항상 미안하고 고마워요.
내가 세상에서 제일 사랑하는 그 이름,
'엄마'.

엄마의 밥상

밥때마다 식탁 위에는
여러 가지 반찬이 놓여 있다.

엄마가 담근 김치.
겉절이, 배추, 열무, 오이소박이…
종류도 다양해서 고르는 재미가 있다.

김치 외에도 멸치볶음, 햄, 계란, 찌개까지-
상다리가 부러질 만큼 푸짐한 밥상.

엄마는 요리하는 게 즐겁다고 하신다.
맛있게 먹어 주는 모습만 봐도
배부르고 기쁘다고 하시고.

나도 그런 재능을 물려받았으면 좋았을 텐데…
요리는, 나와는 안 맞는 것 같다.

그래도 요리 잘하는 엄마 덕분에
매일 든든하고 맛있는 밥을 먹을 수 있으니
그게 참 감사하다.

근데…

떡볶이는 솔직히, 사 먹는 게 제일 맛있다.

떡볶이는 못 참아

내 소울푸드 떡볶이.

매콤한 양념에 버무려진 쫄깃한 떡과 오뎅.
거기에 원하는 옵션을 추가한다.

여자들이 제일 좋아하는 음식,
아마도 떡볶이가 아닐까 싶다.

자극적인 음식이
왜 이렇게 자꾸 생각나는지.

요즘은 빨간 떡볶이, 로제 떡볶이,
짜장 떡볶이, 바질 크림 떡볶이,
마라 떡볶이 등등 메뉴가 다양하다.

아무리 몸에 안 좋다 해도
떡볶이는 참을 수 없어.

어떤 떡볶이를 먹을지 행복한 고민을 하고,
내가 선택한 떡볶이가 오기까지 설레어하며

맞이할 준비를 한다.

그렇게 나는 오늘도, 떡볶이를 먹는다.

행운의 숨바꼭질

공원에서 산책을 하다가 클로버 밭을 발견했다.

세잎클로버들로 가득했지만
그 틈 사이 어딘가에
네잎클로버가 있을 것 같은 기분이 들었다.

요즘은 네잎클로버를 돈을 주고 사거나
상품으로 쉽게 받을 수 있는 세상이지만,
그래도 우연히 발견하거나
오래 찾은 끝에 마주하게 되면
그게 더 '진짜 행운'처럼 느껴진다.

그래서 눈을 크게 뜨고
하나하나 클로버를 살펴본다.
하지만 눈에 들어오는 건 전부 세잎클로버뿐.
눈을 깜빡이지도 않고 오래 뜨고 있다 보니
정말 눈이 빠질 것 같았다.
그럼에도 끝까지 다시 확인했다.

그러다 드디어-
잎이 네 개가 달린 클로버를 발견했다.

그 순간,

마치 내게 행운이 스르륵 다가오는 것 같았다.

생각해보면 우리의 일상 속에서도

이런 작고 소소한 '행운'들이 종종 찾아온다.

내 걸음에 맞춰서

신호등이 초록불로 바뀌고,

버스 정류장에 도착하자마자

바로 버스가 오는 순간.

혹은 인기 많은 상품이

마지막 하나 남아 있을 때,

마치 나를 위해 남겨진 것 같아

괜히 기분이 좋아진다.

그럴 땐 꼭 사야만 할 것 같은 느낌도 든다.

면접에 붙었을 때, 합격 소식을 들었을 때도

그 순간이 너무 기뻐서

'이것도 행운이지' 하고 생각하게 된다.

그래서 바란다.

나에게도, 그리고 우리 모두에게도

이런 작고 따뜻한 행운들이

언제나 곁에 함께하기를.

길냥이의 하루

날씨 좋은 날이면
골목 곳곳에 길고양이들이 모습을 드러낸다.
햇살을 느끼며 여유롭게 걷다가도
낯선 기척이 들리면
언제 그랬냐는 듯 재빠르게 사라진다.

사람을 무서워하는 고양이들이 대부분이지만
가끔은 사람 손길이 익숙한 듯
바닥에 드러누워 애교를 부리는 아이들도 있다.
그런 모습을 보면 괜히 마음이 쓰인다.
맛있는 음식들도 챙겨 주고 싶다.

비가 오거나 눈이 내리는 날,
강한 햇볕이 내리쬐고, 거센 바람이 부는 날이면
녀석들은 차 밑, 건물 틈, 가게 간판 아래로
조용히 몸을 숨긴다.

그렇게 숨어 있는 모습을 보면
혹시라도 사고가 나지 않을까
괜히 마음이 조마조마하다.

그러다 골목길을 걷다 보면
누군가 마련해 둔 작은 박스를 발견하게 된다.
박스 안엔 담요, 사료, 물…
누군가가 그들을 위해 만들어 준
안락한 보금자리.

그 모습을 볼 때마다 생각한다.
세상은 아직 살 만하구나.
말없이 길 위의 생명을 챙기는
좋은 사람들도 참 많다.

길고양이들에게도,
그 하루가 따뜻한 봄날이 되었으면 좋겠다.

여전히 봄

계절이 바뀌면 풍경도 바뀌고
분위기도 달라진다.

봄이 오면
사랑이 찾아올 것 같이 설레고,

여름이 오면
더위를 물리치는 시원한 바다가 생각나고,

가을이 오면
파란 하늘과 낙엽이 날리는 쓸쓸함이 생각나고,

겨울이 오면
새하얀 눈이 내리는 포근함이 생각난다.

여름은 너무 덥고, 겨울은 너무 추워서
사람들은 대부분 봄이나 가을을 좋아하는데
나는 4계절 중에서 봄이 제일 좋다.

내가 태어난 계절이 봄이기도 하고,
글을 쓰기 시작한 날도 봄이기 때문에

봄이란 계절을 더 사랑하게 됐다.

하지만
봄과 가을은 늘 짧고,
여름과 겨울은 길다.
그게 너무 아쉽다.

물론, 여름이나 겨울을
더 좋아하는 사람도 분명 있겠지.
나로선 이해하기 힘들지만,
각자의 계절엔 그 계절만의 매력이 있으니까.

그래도 나는
봄이 가지 않았으면 좋겠다.

아직 못다 핀 마음들이,
햇살 아래
조금 더 머물 수 있게.

렌즈보다 깊은 마음

날씨 좋은 어느 봄날,
인생 처음으로 '프로필 사진'이라는 걸 찍었다.

벌써 30대 초반이 되었지만,
그냥 지나가 버린 지난날들처럼
이번에도 무의미하게 흘려보내고 싶진 않았다.
그래서 결심했다.
이 순간의 나를 예쁘게 간직해 보기로.

스튜디오에 들어서자,
익숙하지 않은 카메라 앞에서
표정도, 몸짓도 어색하게 굳기 시작했다.

억지로 지은 웃음은
입가가 경련이 일어날 것 같았지만
그대로 유지해야 했고,
셔터 불빛 때문에 눈이 부시지만
눈을 감지 않으려 애를 써야 했다.
사진작가님이 알려 주신 여러 포즈를 따라
촬영은 계속 이어졌고, 그때 들려온 말-

"웃으면서 눈 크게~"

그 말이 오늘 가장 어려웠다.
'웃으면 눈이 감기는데,
눈을 어떻게 더 크게 뜨지?'
마음속으로 되뇌며 애써 눈을 떠 보려 노력했다.

그러자, 작가님이 앞에서
이렇게 해 보라며 직접 포즈를 취하며
시범을 보여 주셨다.
그 모습이 너무 자연스럽고 귀여워서
나도 모르게 웃음이 났다.

"너무 잘하시는데요?!"
그 말까지 더해지자,
어색함은 조금씩 풀어졌고
몸도 마음도 편안해졌다.

렌즈 너머에서 따뜻하게 이끌어 주신
작가님의 손길 덕분에 촬영 내내 즐거웠다.

그리고 '보정'이라는 마법이,
화면 속 나를 하나하나 터치할 때마다
조금 더 예쁘게, 조금 더 부드럽게
나를 다듬어 주었다.

결과는 대만족!
햇빛 알레르기로 늘 햇빛을 피하던 나인데,
사진 속 나는
마치 햇살을 머금은 듯 환하게 웃고 있었다.

그건,
내 마음에서 피어난 진짜 웃음이었어.

그렇게 나는,
봄 같은 햇살을 닮은 나 자신을
소중히 간직하게 되었다.

마음으로 맺어진 아빠

집안마다, 가정마다
살아온 환경은 모두 다르고
가족들과의 관계도 저마다 다르다.

우리 아빠는 전형적인 옛날 사람이다.
집에 계시면 하루 종일
TV를 보시거나 잠을 주무신다.
나와는 관심사도 달라
마주 앉아 대화를 나누는 일도 드물다.

그런 환경 속에서
나는 내가 원하는 '아빠'의 모습을
자주 꿈꿔 왔다.

가족은 혈연으로 묶여 있으니까
당연히 더 아끼고, 소중하게 여겨야 한다고
말하는 사람들이 많다.
근데… 나는 꼭 그렇지만은 않은 것 같다.

오히려 가족이 아닌 누군가에게
진짜 위로와 힘을 받기도 하고,

그런 인연이 더 오래 이어지기도 하니까.

내가 꿈꾸던 아빠의 모습은
날 아껴 주고, 내 꿈을 응원해 주고,
힘들 때는 다정하게 말을 건네주고,
기쁜 일이 있으면
함께 진심으로 기뻐해 주는 사람.
그게 전부였다.

그리고 지금,
아빠가 해 주지 못했던 그 역할을
자연스럽게 해 주는 한 사람이 있다.

내가 걷는 길을 지켜봐 주고, 응원도 해 주고,
힘들다고 투정 부리면
때로는 단호하게, 때로는 살살 다독이며
나에게 따뜻한 말을 건네주는 사람.

그리고 내가 잘해 내면
나보다 더 기뻐해 주는 사람.
그런 사람이 곁에 있다는 게

얼마나 큰 축복인지 몰라.

그 사람이 이 글을 보게 된다면,
'나를 말하는 거구나' 하고
바로 알아차릴 것 같다.

우린 몇 살 차이 나지 않지만,
나에겐 이미 좋은 어른이다.

그 사람은,
내가 꿈꿔 온 아빠의 모습을 닮아 있다.

집순이의 하루

나는
집이 참 좋다.

약속이 잡히면
나간 김에 볼일을 몰아서 다 끝내고
서둘러 집으로 돌아온다.

약속이 갑자기 취소되어도 괜찮아.
아니, 솔직히 말하면
조금 기쁘기도 하다.

"집에서 뭐 해?"
사람들이 종종 묻지만,
집에서 할 수 있는 건 꽤 많다.

좋아하는 유튜브를 보고,
마음 가는 대로 글을 쓰고,
내 취향 가득한 음악을 듣는다.

무엇보다 좋은 건
아무도 신경 쓰지 않고

편하게 누워 있을 수 있다는 것.

사람들과 어울리는 것도 좋지만
집이라는 공간은
조용히 나를 안아 주는 공간이다.

세상이 조금 버겁게 느껴지는 날에도
'집'이라는 이름 안에서
나는 다시 충전된다.

이불 밖은 위험해

아무것도 하고 싶지 않은 날이 있다.
그런 날이 거의 매일이라는 건,
안비밀.

나는 이불 속으로 쏘옥 들어가
내 자리를 잡는다.
포근하게 나를 감싸 주는 이불.
촉감도 부드럽고 따뜻하다.

이불 밖으로 나오면
큰일이라도 나는 것처럼
아침도 거르고
그대로 누워 있다 보니
어느새 점심시간이 되었다.

그때-
"밥 먹게 나와."
엄마의 목소리가 들렸다.

이불 밖 세상으로 나가기 싫어서
꼼지락꼼지락 버티는 사이,

다시 들려오는
한층 세진 목소리.

"밥 먹게 나오라니까?!"

엄마의 호통에 못 이겨
결국엔 이불 밖으로 나왔다.

잠깐이지만 행복했다.

손끝으로 쌓아 올린 기쁨

예전에 내가 푹 빠졌던 취미 나노블럭.
작고 정교한 블록을 하나하나 조립해
귀여운 캐릭터를 만들어 내는 일.

설명서를 보며 순서에 따라
블록을 차근차근 쌓아 올리다 보면
완성되어 가는 모습이 눈앞에 보인다.
그게 너무 재밌어서, 한번 시작하면
손을 놓을 수가 없다.

소형은 살짝 아쉬워서
나는 주로 대형 사이즈를 좋아했다.
완성하려면 기본 4~8시간은 걸리지만,
그 시간은 눈 깜짝할 새 지나간다.

한번은 퇴근 후에 시작했다가
너무 몰입한 나머지
밤을 새고 출근했던 날도 있었다.
잠을 못 자서 하루 종일 멍했고,
하늘에 별이 보이는 느낌이었지만
그래도 좋은 걸, 어떡하겠어.

좋으면 해야지. 그게 나니까.

내 손끝에서 태어난 나노블럭들을
선반 위에 나란히 장식해 두면
마음 한켠이 뿌듯해진다.

어느 날은,
정성을 담아 만든 나노블럭을
소중한 사람들에게 선물했다.
받은 사람들이 너무 좋아해 줬고,
그 반응에 나도 더없이 기뻤다.

내 손으로 만든 무언가로
누군가의 마음을 위로할 수 있다는 것.
그게 바로, 나에게 가장 큰 성취감이었다.

선반 위의 친구들

한때, 피규어를 수집하는 취미가 있었다.
돈이 모일 때마다 하나씩 사 모았고,
박스를 뜯을 때마다 괜히 두근거렸다.

실용성은 없지만, 장식용으로는 그만이었다.

내가 좋아하는 캐릭터 피규어들을
선반 위에 가지런히 진열해 두고,
방 안을 오가며 힐끔힐끔 바라볼 때면
왠지 모르게 기분이 좋아졌다.
그저 거기 있다는 것만으로도
공간이 귀여워지고, 마음이 환해졌다.

사람은 본능적으로
멋있고, 예쁘고, 귀여운 것을 좋아한다.
그래서 피규어를 모으는 취미를 가진 사람들도
은근히 많은 것 같다.

그들만의 세계가 있고, 애정이 있고,
각자만의 작은 전시장이 있다.

지금은 큰 피규어들은 정리하고
손바닥만 한 아기자기한 것들만 남았다.
그 아이들은 여전히 내 방 한곳을 지키고 있다.

누가 보면 쓸데없는 장난감이라 하겠지만
나에겐 그 시절의 좋아함과
설렘이 담긴 조각들이다.

그래서 그런지,
그 작은 피규어들을 볼 때마다
마음이 순수해진다.

남은 친구들은 내가 지켜 줘야겠다.

나의 첫 뮤지컬

내가 처음으로 본 뮤지컬은
'드라큘라'였다.
지금은 장면 하나하나를
또렷하게 떠올릴 수는 없지만,
그날의 감정은 아직도 마음 한쪽에 남아 있다.
묵직한 음악, 붉게 물든 무대,
그리고 마지막 커튼콜.

배우들이 무대에 나와 인사를 할 때,
알 수 없는 뭉클함이 가슴 깊이 차올랐다.
어떤 말도 필요 없었다.
그저 조용히 박수를 치면서,
내가 이 무대를 사랑하게 됐구나,
그걸 느꼈던 것 같다.

드라큘라는 내게 첫사랑 같은 존재다.
모든 걸 처음 알게 해 주고,
마음 깊은 곳에 자리 잡은 기억.

그리고 문득,
그때의 드라큘라처럼 나도 누군가에게

오래 남는 이야기를 쓰고 싶다는 소망이 생겼다.

아마 그래서였을 거다.
그날 이후,
나는 종종 뮤지컬을 찾아보게 되었다.
그 무대의 감동을 다시 느끼고 싶어서,
그리고 또 다른 나를 만나기 위해.

뮤지컬이라는 장르를 조금만 더 일찍 알았더라면
내 삶의 감정선이
지금보다 조금 더 풍부했을지도 모른다는
그런 아쉬움이 있었지만,
그래도 늦게라도 만나서 다행이다.

그리고 무엇보다,
그 시작이 드라큘라였다는 건
참 특별한 만남이었던 것 같다.

그땐 혼자 조용히 공연만 보고 나왔다.
굿즈 하나 구경하지 못한 채,
두근거리는 마음만 안고 집으로 돌아왔다.

돌아와서야 문득,
'왜 아무것도 남기지 못했을까'
하고 아쉬워졌지만,
어쩌면 그래서 더
오래 기억에 남았는지도 모른다.

온전히 무대와 감정만으로
가득 찼던 시간이었으니까.

엄마랑 마법의 세계로

몇 달 전부터 예매해 둔 뮤지컬 '알라딘'
엄마와 함께 가기로 한 날이었다.

그런데 며칠 전부터 엄마는 자꾸
"화장실은 어떻게 하냐."
"너무 먼 거 아니냐."
"그날 비 온다던데 그래도 갈 거냐"라며
가기 싫은 티를 내셨다.

그 말을 들으니 나도 짜증이 났다.
"가기 싫으면 가지 마."
툭 내뱉은 말에 엄마는
"나랑 가기 싫으면 친구랑 가"라고 받아쳤다.

실랑이 끝에 결국 예정대로 같이 가게 된 날.
먼 길이었지만, 엄마는 뮤지컬을 정말 즐기셨다.

환상의 세계로 떠난 150분.
신비하고, 화려하고, 아름다웠다.
그리고 웃음도, 감동도 함께였다.

사실 공연을 보기 전까지만 해도
엄마가 뮤지컬을 재미있어하실까 걱정이 됐다.
처음 보는 장르라 낯설진 않을까,
혹시 지루해하지는 않으실까.
그래서 나는 무대를 보면서도
엄마의 반응을 살피기 바빴다.

괜한 걱정이었을까,
옆에서 종종 들려오는 엄마의 웃음소리.
특히 지니 역을 맡은 배우가
열정적으로 무대를 채우는 장면에서는
엄마도 환하게 웃으시고, 박수도 치셨다.
그 모습을 보고 있으니
같이 오길 참 잘했다는 생각이 스며들었다.

엄마의 첫 뮤지컬이 알라딘이어서,
정말 다행이다.
지루할 틈이 없었던 무대였고,
'지니가 다 했다'라고 할 만큼
지니의 매력에 빠져드는 시간이었다.

마지막에 술탄이 자스민에게 말하던 대사,
"네 삶은 네가 선택하는 거야."
그 말이 이상하게 마음 깊이 남았다.

해피엔딩으로 막을 내린 알라딘.
해피엔딩은 언제나 옳다.

이어서 커튼콜이 시작됐다.
한 명씩 센터로 나와 인사하는 배우들에게
환호와 박수가 쏟아졌고,
엄마의 눈은 조용히 반짝이고 있었다.

그 후, 엄마랑 데이트를 하러 갔다.
홍대에 들러 산책도 하고,
맛있는 것도 함께 먹었다.

집으로 돌아오는 길,
엄마가 날 보더니 미소 지으며 말했다.
"딸, 오늘 고마웠어~"

그 말을 들으니

내 마음이 너무 뿌듯했다.

하늘은 흐렸지만, 마법 같았던 하루.

무엇보다,

엄마랑 함께여서 정말 좋았다.

제2의 동네

내가 살고 있는 동네 다음으로
가장 자주 가는 곳은 홍대다.
누가 보면 홍대가 본가인 줄 알 것 같다.

집이랑 가까워서 가기도 편하고,
거리에서 흘러나오는 버스킹 소리 덕분에
눈과 귀가 즐겁다.
그리고, 각양각색의 사람들도 많아서
그저 사람 구경만 해도 시간 가는 줄 모른다.

무심코 스치는 사람들 사이에서
누군가는 노래를 부르고,
누군가는 춤을 추고,
어떤 사람은 조용히 벤치에 앉아 커피를 마신다.
그런 모습을 보는 것도 나름의 힐링이다.

그리고 홍대엔
내가 좋아하는 공원이 있다.

특별한 추억이 깃든 곳이라
홍대에 갈 일이 있으면

꼭 그곳에 들러 잠깐이라도 산책을 한다.

그 공원 벤치에 앉아
이어폰을 꽂고 음악을 들으며
멍하니 사람들을 바라보다 보면,
잠깐이나마 복잡했던 마음이 가라앉는다.

홍대가 주는 자유롭고 예술적인 분위기가 좋다.
그래서 가끔은
'여기가 우리 집이었으면 좋겠다.'
하는 생각을 하기도 한다.

이곳은 내 동네가 아니지만,
마음만큼은
내가 가장 편하게 숨 쉴 수 있는
제2의 동네다.

향기로운 기억

세상엔 정말 많은 향들이 있다.
달콤한 향, 포근한 향, 싱그러운 향,
그리고 누구나 좋아하는 비누 향까지.

사람을 만날 때도
그 사람만의 향이 있다는 생각이 든다.
향수나 샴푸 향일 수도 있지만
그 사람과 어울리는
'공기 같은 분위기'로 기억되는 향이 있다.

향수를 뿌리지 않은 날엔
그 사람 특유의 집 안 냄새랄까,
어떤 익숙한 향이 따라온다.
각자의 삶이 묻어난 향,
그걸 느끼는 것도 나는 좋다.

내가 제일 좋아하는 향은
책에서 나는 향이다.

특히 만화책을 펼칠 때 나는 종이 냄새.
새 책에서만 느껴지는 잉크 냄새와 종이 향이

왠지 마음을 차분하게 만들어 준다.

그 향을 맡고 있으면
괜히 기분이 좋아지고,
그때의 장면들이 눈앞에 펼쳐지는 것 같다.
어릴 적, 책을 품에 안고 누워서
한 장 한 장 넘기던 시간이 떠오른다.

그리고 싱그러운 풀잎 향도 좋아한다.
비 내린 후 공기 중에 퍼지는 초록의 향기,
마치 자연이 숨 쉬는 느낌.
가끔은 그런 향을 맡는 것만으로도
하루가 조금 나아지는 기분이다.

포근한 향도 참 좋다.
따뜻한 이불 속 같고,
누군가의 품에 안긴 느낌 같은 향.
그런 향을 만나면,
그냥 아무 이유 없이 안심이 된다.

향은 눈에 보이지 않지만

가장 진하게 남는 기억이기도 하다.

그래서 나는 오늘도
내가 좋아하는 향들 사이에서
조금씩 마음을 다독이며 살아간다.

Part 3.

길 위의 아이

흔들리는 마음으로 걸어야 했던,
나의 여정

타임머신

누구나 살면서
'그때로 다시 돌아가고 싶다'는 생각,
한 번쯤은 해 봤을 거다.

좋은 기억 때문에 그 시절로 돌아가
같은 길을 다시 걷고 싶은 사람도 있고,
안 좋은 기억 때문에 그때처럼은 살지 않겠다고 마음먹으며
과거를 바꾸고 싶어 하는 사람도 있다.
그래서 누구나 각자의 타임머신을 꿈꾼다.

나 역시 타임머신을 타고,
학창 시절로 돌아갔다.
조용한 성격이었던 나는
늘 없는 듯, 조용하게 학교생활을 했다.
이번엔 그런 나를 바꾸고 싶었다.
친구들과 어울리고, 조금은 웃고 떠들며
즐거운 학교생활을 만들어 간다.

시간이 흘러 성인이 되고, 일을 시작했다.
대학생 때는 용돈이 필요해
시급을 많이 주는 곳을 찾아다녔다.

옷을 차려입고 노래방 도우미로 일했는데,
한 방울도 못 마시는 술을 조금씩 마셔야 했고,
낯선 사람의 기분을 맞춰야 하는 것도
쉽지 않았다.

간병인 아르바이트를 하던 중에는
성폭행에 휘말릴 뻔한 일이 있었다.
나는 성추행으로 끝났지만
경찰 조사 때문에 잊을 만하면
연락이 와서 귀찮았고,
생각하고 싶지 않았던 기억들이
한동안 계속 들춰졌다.

또 한번은
친구가 소개해 준 언니한테
투자 제안을 받게 되었고
그땐 돈이 없던 때라
대출까지 받아 투자에 발을 들였다.
하지만 그건 사기였다.

결국 나는 쓴 적도 없는

이천만 원이라는 큰돈을 매달 갚아야만 했다.

그런 일들을 겪지 않았다면
지금쯤 돈도 좀 모았을 테고,
무언가를 더 이뤘을지도 모른다는
그런 생각이 든다.

이런 이야기들을 말할 수 있는 건
이제는 시간이 흘렀기 때문이다.

그땐 너무 후회됐지만 이미 지나간 일이고,
그 일들은 나에게
'후회'로 남았지만 동시에 '경험'이 되어
다시는 같은 선택을 하지 않도록
나를 깨워 주었다.

그래서
나는 과거의 나에게 이렇게 말하고 싶다.

"이미 지난 일은,
잊지 못할 경험으로 남겨 두자.

그게 거름이 되어

지금의 너를 단단하게 만들어 줬을 테니까."

그리고

미래의 나에게도 전하고 싶다.

"그때 넌 어떤 일을 하고 있을까?

글을 여전히 쓰고 있겠지?

나는 멋진 작가가 된 너를 만나기 위해

오늘을 열심히 살아갈게."

이름 없는 꽃

이름 없는 꽃도
언젠가 꽃 피우는 날이 오기 마련이야.

지금은,
아무도 못 알아본다 해도
아무도 찾는 이가 없다 해도
이 순간이 지나면, 괜찮아질 거야.

꽃을 피우기까지
시간이 오래 걸릴지도 몰라.
많이 힘들지도 몰라.

그래도-
외로운 날들을 견디고 나면,
마음도 어느새 단단해져
홀로 설 수 있는 힘이 생길 거야.

그리고 결국엔,
너는 아름다운 꽃을 피우게 될 거야.

지금도 늦지 않았어

사람들은 자주 후회한다.
좀 더 일찍 알았더라면…
좀 더 일찍 시작했더라면…

나도 그런 생각을 많이 한다.
어렸을 때부터 글을 쓰기 시작했더라면
지금쯤 나는
유명한 작가가 되어 있을지도 모른다는 생각.

하지만, 꼭 그렇지도 않은 것 같아.
모든 건 '때'가 있는 법이고,
그 '때'는 사람마다 다르니까.

그래서 나는
지금도 늦지 않았다고 말해 주고 싶어.

누군가 그랬지.
"늦었다고 생각한 순간이,
가장 **빠른** 시작의 순간"이라고.

그러니까 이렇게 말하자.

지금이라도 알게 되어서 다행이고,
지금이라도 시작해서 다행이야.
우리의 인생은 생각보다 길어.
새로운 도전은 언제든 가능해.

그 앞에 놓인
걱정과 불안의 장애물을 뛰어넘고,
용기 내어 한 걸음 한 걸음 내딛는
너의 발걸음이 닿는 그 길이,
꽃길이 되길 진심으로 응원할게.

나의 템포대로

사람들마다 다른 속도.
저 멀리 보이는 목표지점
그곳까지 도착해야 돼.

나를 앞서간 사람들을 보며
마음이 조급해진다.
뒤처지면 안 된다는 불안에
나도 빠르게 달려 본다.

내 앞의 몇 명은 따라잡았지만
달리다가 넘어져서
다시 일어나는 데 시간이 걸린다.

결국, 맨 마지막에 도착했다.

천천히 가도 괜찮아.
넘어져도 괜찮아,
다시 일어서면 돼.

중요한 건, 포기하지 않는 마음이야.

색안경

사람들은 누구나
보이지 않는 안경을 하나씩 쓰고 살아간다.
누군가는 조심스럽게,
누군가는 아주 쉽게 그 안경을 낀다.

처음 보는 사람의 옷차림, 말투, 표정, 분위기.
단 몇 초 만에 우리는 그 사람을
'어떤 사람일 것 같다'고 판단해 버린다.

어쩌면 틀릴지도 모르는 그 판단이
한 사람의 진짜 마음을 가려 버릴 때도 있다.

나도 그런 적이 있다.
알고 보면 다정한 사람이었고,
조용하지만 따뜻한 사람이었고,
상처 많았던 사람이었는데
괜히 차갑고, 무심한 사람이라고
생각해 버린 적.

누군가를 이해하려면,
제일 먼저 해야 하는 건

내가 쓰고 있던 색안경을 벗는 일이라는 걸
이제는 알 것 같다.

그 사람의 말이 아닌 표정,
보이는 모습이 아닌 마음을
보려는 노력이 필요하다는 걸.

나도 누군가에게
잘못된 색으로 보였을지도 모른다.
그게 조금 아프기도 하다.

그래서 요즘 나는,
누구를 보더라도 한 걸음 늦게 판단하려고 한다.
조금 더 듣고, 조금 더 보기로.

우리가 서로에게
색안경이 아닌 맑은 눈으로 남을 수 있기를.

울보지만 괜찮아

나는 눈물이 잘 난다.

기쁠 때나 슬플 때도,
짜증 나거나 화날 때도
말보다 눈물이 먼저 나온다.

내가 느끼는 복잡한 감정들이
눈물로 표현되는 것 같다.

나 같은 사람 꽤 많겠지?

울기보다는 말로 표현하고 싶은데,
그게 내 맘처럼 잘 안 돼.

울음이 먼저 터져 버리면
하고 싶던 말들이
목구멍에서 걸려 버린다.

그래서 가끔은
눈물이 나오려는 걸
억지로 꾹 참고 넘긴다.

말보다 눈물이 먼저 나오는 내가 싫어서,
이번엔 꼭 말로 표현해 보자고 다짐하지만

그 순간에도
눈물이 먼저 차오르는 나를
어쩔 수 없이 또 받아들인다.

그러다 아무 말도 못 한 채,
눈물만 닦고 끝날 때도 있다.

그래서 때론
울었다는 사실 자체가
내 마음을 괜히 약하게 만든 것 같아
혼자 속상할 때도 있다.

하지만
요즘은 조금 다르게 생각하려고 한다.

울 수 있다는 건
내 감정을 느끼고 있다는 거고,
그만큼 진심이 있다는 거니까.

울보여도 괜찮아.

나는 그냥

마음이 조금 투명할 뿐이야.

혼자서도 잘해요

요즘 들어
혼밥과 혼카페를 하는 사람들이 많아졌다.
그래서 식당이나 카페에도
혼자 앉을 수 있는 1인용 테이블이 생기곤 한다.

나도 가끔 혼자 나가서
밥을 먹고, 카페에 앉아 음료를 마시거나
그냥 멍하니 창밖을 바라보며 시간을 보낸다.

예전엔 혼자 밥을 먹는다는 게
괜히 눈치 보이고, 민망해서
꼭 누군가와 함께 있어야만 했다.

근데 이상하게
몇 번 해 보니 괜찮아졌다.
고기식당을 혼자가기엔 무리지만
혼자 하는 시간이 점점 편해졌고
오히려 더 조용히
나에게 집중할 수 있는 시간 같았다.

내가 먹고 싶은 걸 천천히 골라 먹고,

내가 좋아하는 자리에 앉아
내 속도로 시간을 보내는 일.

혼밥과 혼카는,
어쩌면 나를 더 잘 챙겨 주는
따뜻한 루틴일지도 모른다.

혼자 밥도 먹고,
혼자 카페에도 잘 가지만
아직 '혼여'는 어렵다.

그래도 언젠가,
그것마저 편해지는 날이
자연스럽게 찾아오겠지.

축하해

오늘은 내 생일이다.
하지만 생일이라고 해도
평소와 크게 다르지 않은 하루.

이곳저곳에서 축하 문자가 오고
친구들에게도 "생일 축하해"
톡이 하나둘씩 온다.
그중에는 선물과 함께 온
감동적인 메시지도 있었다.

사실, 선물보다 정성 담긴 글이
더 마음을 울린다.
그 마음이 느껴져서 읽는 순간 따뜻해진다.

우리 가족은 생일 파티 같은 건 하지 않는다.
"생일 축하해~" 한 마디와 함께 건네는 현금.
그게 우리 가족만의 방식이다.

생일을 잘 안 챙기는 사람들은
'생일이 뭐 대수인가?' 싶겠지만
1년에 한 번뿐인 생일이니까

그때만큼은 내가 나에게
옷을 선물해 주거나 맛있는 것을 먹여 주면서
평소와는 다른 특별한 하루를
보내면 좋을 것 같다.

생일, 임신, 결혼, 합격, 졸업-
축하할 일이 생겼을 때 축하를 받는다는 건
참 좋은 일이구나 싶다.

특히, 내가 좋아하는 사람에게서
축하를 받게 되면
그 기쁨은 꽤 오래 남는다.

반대로,
내가 챙기고 마음을 담았던 사람에게서
아무런 인사도 받지 못하면
조금 서운하기도 하다.

그래서 요즘은 생각한다.
기대하지 말자.
그리고 받은 만큼만 주자.

그게 어쩌면

내 마음을 지키는

작은 방법일지도 몰라.

새롭게 맞이할 익숙함

이비인후과에서만 8년을 일한 나는
새로운 과로 이직했다.
과만 바뀌었을 뿐인데 모든 것이 생소했다.

같은 여자임에도 왠지 모를 수치심에
이상이 있어도 잘 가지 않던 산부인과.
그곳으로 매일 출근하는 일이
매번 새롭게 느껴졌다.

'언제쯤 적응될까? 잘할 수 있을까?'
매일같이 나에게 묻게 되었다.

집 나가면 개고생이라더니,
적응하는 게 너무 힘들다.
사람들은 친절하게 대해 주지만
익숙했던 환경이 그리워
몇 번이고 돌아가고 싶었다.

사실, 새로운 일에 적응하지 못해
익숙함을 찾아 돌아갔던 경험도 여러 번 있다.

낯선 환경, 낯선 사람들, 낯선 상황 속에서
나 혼자 남겨지면 자꾸만 불안해진다.
혹시 실수하진 않을까,
이게 맞나…?

늘 하던 방식에서 벗어나
이곳의 규칙을 따르는 건
어색하고 어렵게 느껴졌다.

그리고 내성적인 성격 탓에
많은 사람들 사이에서
익숙해지기까지 오래 걸리는 것 같다.

익숙함은 편하고 안정적이다.
반면, 새로움은 설레지만 불안하고 어렵다.
그래서 나는 늘
내가 가던 길, 내가 하던 방식을
더 좋아했는지도 모른다.

이번엔 나는 새로운 길을 선택했다.
어떤 선택을 하든 이게 최선인가 하는

후회가 살짝 되지만 내가 선택했는걸….

무엇을 하든 '처음'은 지나가야 하고,
그 '처음'은 누구나 겪는 것이기에
새로운 것도 반복하면
언젠가는 익숙해지는 날이 오겠지.

아직까지도
내 몸에 배어 있는 익숙함이
내게 손짓하며 부르고 있다.

결국 나는 또
그 익숙함을 향해 한 걸음 내딛지만,

떠난 마음도 돌아오게 만드는
좋은 사람들 덕분에
나의 발걸음은 다시 이곳을 향한다.

어쩌면 이곳에서 천천히,
잘 스며들 수 있을지도….

그러니, 조금만 더 해 보자.

정신없이 흘러가는 시간 속에서
하루하루가 지나고 나면
또 다른 익숙함이
어느새 나에게 다가올 거야.

오뚜기처럼

간호조무사로 일해 온 지,
어느덧 10년이 다 되어 갔다.
병원에서 일하면서
뿌듯함과 자괴감을
수십 번씩 오간 시간들이었다.

개인병원에서 수액을 놓을 때,
혈관이 좋은 분들은 대부분 한 번에 성공한다.
그래도 가끔은
'오늘은 잘되겠다' 싶었던 혈관에도
실패할 때가 있었다.
그럴 땐 마음이 푹 꺼졌다.

'나, 이 일 그만둬야 하나…'
자신감이 툭 떨어지고
작은 실패 하나에
그날 하루가 통째로 무너질 것 같았다.

하지만 보기만 해도 어려운 혈관에
한 번에 성공할 때도 있었다.
그 순간, 말로 다 못 할 만큼 뿌듯했다.

'그래, 나 아직 괜찮구나.'
그런 생각이 다시금 나를 일으켜 세우곤 했다.

그리고 가끔은 주사를 놓고 나면
"어? 하나도 안 아팠어요! 잘 놓으시네요."
이런 말을 해 주는 환자분도 있었다.

그럴 때면
방금 전까지 움츠러들었던 마음이
쫙 펴지는 기분이 들었다.
짧은 말 한마디가
그날 하루를 버틸 수 있는
큰 위로가 되어 주었다.

일을 하다 보면 실수할 때도 있었다.
사람이니까, 그럴 수 있다는 걸
나도 알고 있었지만
그럼에도 마음은 쉽게 가라앉지 않았다.
혼자서 다독이기엔 생각도 너무 많고
감정도 너무 깊었다.

그럴 땐 누군가에게 털어놓는다.
"괜찮아, 실수할 수도 있지."
내가 나에게 해 주던 말과 똑같았지만
다른 사람이 해 주는 말은
이상하리만큼 따뜻하게 들렸다.

왜일까.
다른 사람이 말해 주면
내 마음이 조금 더 쉽게 풀리는 건.

지금도 여전히 그 일을 하고 있다.
내가 무너지고, 다시 일어나기를 반복하는
그 순간들이, 나를 좀 더 단단하게
만들어 주는 과정이지 않을까 싶다.

내 마음이 덜 다칠 수 있게
연습하는 거라고 생각하자.

그래서 그 순간들이,
지금의 나를 만든
작은 단단함이 되어 남아 있다.

열심히 산다는 건

열심히 살아간다는 건 어떤 걸까.
글을 쓰기 시작하기 전엔
이런 생각을 자주 했다.

SNS를 구경하다 보면
지인들의 노래하는 모습, 춤추는 모습,
무언가를 열심히 한 결과물들이 올라온다.

그걸 보고 있으면
'다들 정말 열심히 사는구나' 하는 생각이 든다.

무대를 위해 몇 시간씩 연습했을 테고,
사람들 앞에 서기까지 수많은 노력이 있었겠지.
그런 사람들이 참 대단하게 느껴졌다.

그런 모습을 보며
나도 열심히 해야지 하는 생각이 들기도 하고
바쁘게, 치열하게 살아야 할 것 같은
조급함도 들었다.

뭐라도 해야 할 것 같고,

가만히 있으면 뒤처질 것 같았다.
하지만 문득 그런 생각이 들었다.
나는 뭘 위해 조급해했던 걸까?

요즘은 나도 매일 생각을 정리하고,
마음을 꾹꾹 눌러 담아 글을 쓰고 있는데-
그게 '나만의 열심'은 아니었을까?

누군가는 무대 위에서 반짝이고,
나는 조용한 책상 앞에서 한 줄씩 써 내려간다.

모양은 다르지만
우리 모두 각자의 방식으로
오늘을 살아내고 있는 건지도 모른다.

열심히 산다는 건
누군가의 기준을 따라가는 게 아니라
나에게 중요한 걸
조금씩 지켜 가려는 태도 아닐까.

인생 선배

살다 보면 힘든 순간이 여러 번 찾아온다.
사는 게 막막할 때,
세상에 혼자라고 느껴질 때에도

"슬플 땐 맘껏 울어도 돼."
"넘어져도 괜찮아."
"지나가면 별거 아니야."

"나도 그랬어"라고 해 주는 말들이
얼마나 힘이 되는지 몰라.
이런 얘기를 해 주는 사람 덕분에
인생 사는 법을 배운다.

단지, 나보다 더 많이 살아서가 아니라
인생이 순탄하지 않았기 때문에
그렇게 말해 줄 수 있는 거겠지.

나도 그런 응원을 해 줄 수 있는
인생 선배가 되고 싶다.

존재하지만 없는 사람

사람은 바뀔 수 있는 걸까.
내가 먼저 다가가도,
그 사람이 과연 변할까….

사람마다 다르겠지만,
그 사람은 절대 바뀌지 않을 거라는 걸
나는 안다.

누군가는 말한다.
"네가 자식이니까 부모님께 먼저 맞춰야지."
하지만 그럴 마음이 들지 않는다.

내가 잘해야겠다고 다짐해 봐도,
내 눈에 보이는 건
엄마에게 쏟아지는
아빠의 배려 없는 말들이고,
손 하나 까딱 않는 태도뿐이다.

엄마의 헌신을 당연하게 여기고,
고맙다는 말 한마디 없이
트집만 잡는 그 사람에게

나는 대체 뭘 해 줄 수 있을까.

나는 그저 지켜보는 입장인데도
숨이 턱턱 막혀 왔다.
엄마는… 오죽할까.

엄마는 지쳐서 화도 내 보고, 울기도 하고,
답답함에 밖으로 나가
혼자만의 시간을 보내지만,
그런 엄마의 마음은 보이지 않는 건지
그는 여전히 태평했다.

자신의 잘못을 정말 모르는 건지,
알면서도 모르는 척하는 건지-
그는 인정이라는 걸 하려 하지도 않았다.

"내가 언제 그랬어?"

장난처럼 웃으며 넘기려는 모습은
오히려 더 화가 난다.

트집 잡을 땐 누구보다 진지하던 사람이
엄마의 말은 장난처럼 흘려듣는다.

그리고 엄마는 그런 아빠를 또 챙긴다.
아빠의 트집은 다시 반복된다.

그걸 보고 있는 나는
엄마가 답답하면서도 안쓰러웠다.

왜 엄마는 그렇게 살까.
왜 아직도 그 사람을 챙길까.
왜 혼자만 애쓰며,
애써 괜찮은 척 버티고 있을까.

가족이기 때문에?
정말 그것만으로 충분할까?

자식에게 존경받는 삶이 성공한 인생이라던데,
나는 그 사람에게서 단 한 줌의 존경도,
좋은 어른다움도 찾아볼 수 없었다.

본받을 점이 하나도 없다는 것.
아빠라는 이름으로 살아왔지만
그 자리는 텅 비어 있었다.

분명 아빠가 있는데,
내게 아빠란 존재는
존재하지만 없는 사람 같았다.

난 이런 가정에서
대체 무엇을 배우며 자라 왔을까.

사랑도, 존경도, 책임도 없는 삶.
나는 그런 삶을
단지 '가족'이라는 이유로
붙잡고 싶지 않다.

나는 나를 지키기 위해,
오늘도 조용히 숨을 고른다.

지친 일상 속, 나만의 쉼표

예체능에 관심이 많았던 나는
K-POP 댄스를 배우고, 노래도 배웠다.

요즘 아이돌 춤은 너무 빠르고 어렵지만
레슨을 받고 혼자 연습하다 보면
조금씩 실력이 느는 내 모습이 보인다.
열심히 연습해서 영상을 찍고 나면
그 성취감은 이루 말할 수 없을 만큼 크다.

노래는 자신감을 키우고 싶어서 시작했다.
노래를 잘 부르고 싶다기보다는
호흡과 발성을 배우며
내 목소리를 다듬는 과정이 필요하다고 느꼈다.
목소리를 내는 연습을 하다 보니
조금씩 자신감이 생기고, 마음도 밝아졌다.

물론 연습을 게을리한 탓에
실력은 크게 늘지 않았지만,
나를 표현할 수 있다는 것만으로도
충분히 의미 있었다.

그 외에도 한국무용, 피아노, 기타까지
하고 싶은 건 많았지만
오래 이어 가지 못한 취미도 많다.

지금의 취미는, 글을 쓰는 것.
이건 오래오래 이어 가고 싶다.

취미가 있다는 건 참 좋은 일이다.
지친 일상 속에서도,
텅 빈 공허함 속에서도
즐거움과 나 자신을 찾을 수 있으니까.

지금은 하고 싶은 게 없어도 괜찮아.
언젠가는, 분명 무언가가
마음을 톡- 하고 두드릴 테니까.

그래도 써 볼게

작가의 꿈을 안고
글을 쓰며 문득 이런 생각이 든다.

'지금은 술술 잘 써지는 이 글이,
언젠가 아이디어가 고갈되거나
감정이 메말라서
내 글이 사람들의 마음에
닿지 못하게 되면 어쩌지?'

누군가의 단호한 응원의 말에도
걱정과 불안이 스멀스멀 올라온다.

그런 마음을 달래려는 듯,
계속 이어지는 따뜻한 말들.

"그런 걸 벌써 두려워하기보단
지금부터라도 좋은 걸 많이 보고,
많이 듣고 하면,
힘든 시기가 와도
현명하게 잘 이겨 낼 수 있을 거야."

그 어떤 좋은 글귀보다도
그가 해 주는 말들이
내 마음을 조용히 적셔 와, 힘이 난다.

날 응원해 주는 한 사람을 위해서라도,
나는 계속 글을 쓸 거야.

초능력

사람들은 누구나 한 번쯤
'초능력이 생긴다면?' 하는 상상을 해 본다.

투명인간, 순간이동, 시간 멈추기, 텔레파시…
많고 많은 초능력 중 단 하나만 고를 수 있다면
나는 생각을 필요할 때마다
자동으로 메모해 주는 초능력을 갖고 싶다.

그 이유는
무언가를 하면서 문득 떠오르는
아이디어나 문장들이
펜을 찾거나 폰을 켜기 전에
순식간에 사라져 버릴 때가 너무 많기 때문이다.

특히 씻을 때, 버스를 탈 때,
누워서 멍하니 있을 때
좋은 문장이 떠올랐는데
"이따가 적어야지" 하면 꼭 까먹는다.
아무리 애써 기억하려 해도
그 감정, 그 리듬, 그 단어는
다시는 돌아오지 않는다.

그래서 생각한다.

우리의 뇌에 작은 메모칩 같은 기능이 있어서
'기억해 줘' 하고 속으로 말만 하면
딱 저장되었다가,
필요할 때 "다시 보여 줘" 하면
그때 그 느낌 그대로
다시 떠오르면 얼마나 좋을까.

그런 능력이 있다면
머리맡에 폰이나 노트를 두지 않아도 되고
아차 하는 순간이 줄어들고
창작할 때 훨씬 덜 스트레스 받고,
더 즐거울 텐데.

가끔은 너무 빨리 잊히는 나 자신이
원망스럽기도 하다.
왜 좋은 건 꼭 잊히고
별로였던 말들은 오래 남는지 모르겠다.
마치, 꿈같은 기억력이다.

그래서 나에게 초능력이 생긴다면,
화려한 힘보다는
그저 내 머릿속에 피어나는 생각들을
소중하게 기억해 주는 능력이면 좋겠다.

기억을 잘한다는 건,
내 마음을 잃지 않는 일이기도 하니까.

욕심과의 줄다리기

사람의 욕심은 끝이 없다.
그 욕심은 채울수록 더 자라나는 것 같다.

키가 5cm만 더 커졌으면 좋겠다.
피부가 더 하얘졌으면 좋겠다.
유연해졌으면 좋겠다.
예뻐졌으면 좋겠다.
돈이 많았으면 좋겠다.
사람들한테 더 인정받고, 사랑받고 싶다.

그럴 때마다 생각한다.
'지금 내가 가진 것들에 감사해야 하는데….'
그게 말처럼 쉽지가 않다.
감사보다 욕심이 먼저 앞서는 순간들.

욕심이 많다는 건
지금의 나를 부족하다 느껴서일까?
아니면,
그만큼 더 나아지고 싶다는
조용한 다짐일까.

욕심이 꼭 나쁜 건 아니라고 믿고 싶다.
욕심이 나를 괴롭힐 때도 있지만
그 마음조차,
나를 조금씩 앞으로 이끄는 힘이 되어 준다.

나는 오늘도 나를 들여다보고,
조금씩 성장해 가고 있다.

껌딱지 근육통

운동 후엔 어김없이 찾아오는
껌딱지 같은 근육통.

팔 운동을 하면 팔뚝과 어깨,
다리 운동을 하면 발목과 허벅지,
복부 운동을 하면 배에 알이 배긴다.

운동할 때도 힘들었는데,
끝나고 나서까지 선물처럼 아픔을 주다니
내가 고맙게 받아 줄게.

그래도 이렇게 아픈 걸 보면
뭔가 제대로 했다는 거겠지?
몸이 보내는 반응이라고 믿어 본다.

근육통이 나를 찾아올 때마다
움직임을 최소한으로 줄이며
침대랑 한 몸이 된다.

스트레칭으로 풀라는 말도 있지만,
가끔은 그냥

편하게 쉬어 주는 것도 괜찮지 않을까?
사실은 열심히 운동한 나에게
보상을 주고 싶었어.

운동에 익숙해지고,
내 몸이 점점 받아들이기 시작하면
근육통도 사라지겠지.
항상 나를 따라오던 근육통이
어느 순간 느껴지지 않는다면
그땐, 조금은 그리울 수도…

조금씩 달라지는 내 몸을 보면
나 참 대견하다 싶다.

언젠가, 우리

나이 30대에 들어서니
주변 사람들이 하나둘
사랑하는 사람을 만나 결혼을 하고,
그들을 꼭 닮은 아이도 낳는다.

무슨 기분일까?

내 주변엔 아직 결혼한 사람이 많지 않다.
나도 남자친구가 있는 건 아니라서
결혼을 하고, 아이를 낳고,
가정을 꾸린다는 게 어떤 느낌인지
가끔 상상해 보곤 한다.

분명, 세상을 다 가진 듯한
행복한 기분일 것 같기도 하다.

사람은 태어나면
자연스럽게 사랑을 하고, 결혼을 하고,
아이를 낳는 게 순리라고들 하지만
나는 잘 모르겠다.
그게 정말 당연한 걸까?

물론, 사랑하는 사람이 생긴다면
결혼도 하고, 서로를 닮은 아이도 낳고,
함께 하루하루를 쌓아 가는 것도
분명 따뜻하고 좋은 일일 거다.

하지만, 지금은 혼자여도 괜찮다.
외롭지 않다.
나름의 평화가 있고, 여유가 있다.

그래도 나이가 나이인지라
부모님은 가끔 묻는다.
"애인은 있니?", "결혼은 언제 하려고 그래?"
이젠 익숙한 질문이지만,
들을 때마다 묘한 부담감이 생기곤 한다.

그래서 결심했다.
서로 사랑할 수 있는 사람이 나타날 때까지,
그때까지는 나 혼자의 시간을 마음껏 즐기자.

그 누구의 기준에도 흔들리지 않고,
지금 내 삶을 내가 아껴 주기로.

Part 4.

꽃이 되어 주고 싶은 너에게

시들지 않는 내 마음이

너에게 닿기를

기억을 걷는 시간

사람들은 저마다의 사연을 품고
기억 속을 걷고 있어.

좋았던 기억, 힘들었던 기억,
사랑했던 기억, 그 모든 순간이
문득 너를 떠오르게 해.

요즘은 어떻게 지내는지
별일은 없는지…
그냥, 네 생각이 나서
이렇게 안부를 전해 본다.

지금 떠오르는 누군가가 있다면,
그 사람은 이미 네 마음속에 물들어
언제 어디서든
너와 함께하고 있지 않을까.

내가 누군가의 기억에 머물러
잠시라도 떠오른다면,
그보다 기쁜 일은 또 없을 거야.

나 여기 있어

내 이름을 불러 주던 사람이,
나를 안아 주던 사람이,
어느 날부터 보이질 않는다.

여긴 어디일까
이미 저 멀리 사라져 가는
그 향을 쫓아가.

하지만 아무리 둘러봐도
보이지 않아.

멀어지던 순간부터
그 뒷모습만 바라본다.

거리를 지나가는 사람들,
그 속에 내가 찾는 사람은 없다는 걸
조용히 깨닫는다.

한껏 축 처진 몸으로
망부석처럼 그 자리에 앉아,

언제 돌아올지 모를 그 사람을

하염없이 기다리며…

"나 여기 있을 거야."

너와 나의 약속

가슴으로 낳아서
지갑으로 키운다는 말처럼,
병원 한 번 갔다 오면 텅장이 되지만

그래도 괜찮아,
넌 소중한 가족이니까.

많은 것을 해 주진 못하지만
무한한 사랑으로 널 지켜 줄게.

너한테 바라는 게 있다면
'아플 땐 아프다고 말해 줬으면….'
모든 반려인의 소원이 아닐까 싶다.

말썽 피워도 좋아
대신 우리 약속 하나만 하자.

건강하게, 오래오래
나랑 함께 살기로.

그 자리에 그 시간에

때는 2024년 11월 30일.
9년 동안 함께했던 나의 반려묘 하루가
심장병으로 인한 폐수종으로 내 곁을 떠나갔다.

퇴근하고 집에 가는 길,
동물병원에서 다급한 연락이 왔다.
빨리 오셔야 할 것 같다고…
나는 바로 동물병원으로 달려갔다.

신속하게 계속 이어지는 심폐소생술.
고통 속에서 힘들게 버티고 있는 하루의 모습.

이렇게 가 버리면 아직 안 돼….
조금만 더 버텨 줘….

간절한 마음에도 불구하고
마음의 준비를 할 새도 없이
하루는 깊은 꿈속으로 점점 빠져 버렸다.

마지막 순간에 전해 보는 "사랑해-"라는 말.
평소에도 사랑한다고 많이 말해 줄걸…

영원히 잠들어 버린 하루를 보고 있으려니
살면서 처음 겪어 보는 아픔과 슬픔이
쓰나미처럼 몰려와 내 마음을 힘들게 했다.
세상이 무너질 것 같았다.

동글동글한 얼굴에 말랑말랑한 젤리,
개냥이라고 할 만큼 순한 성격.

맛있게 냠냠 잘 먹는 모습도,
무서울 땐 겁먹고 숨으려는 모습도,
작은 몸에서 울려 퍼지는 우렁찬 코골이도,
가끔 보여 주는 까칠한 모습까지도.
어떤 모습이든 내겐 너무 사랑스러웠고
바라만 보고 있어도 힐링이 되었다.

하루랑 함께한 추억을 떠올리며
애써 웃으며 보내 줬던 그날이
나를 다시 울컥하게 만든다.

"하루랑 함께한 모든 순간들 잊지 않을게."

"몸은 저 멀리 떨어져 있어도
마음은 언제나 함께하고 있으니
우리 꿈속에서 또 만나자."

"나랑 함께해 줘서 고마웠고
내 첫아이가 하루 너라서 행복했어."

"우리 하루 많이많이 사랑해-"

하늘의 별이 된 하루에게
눈물로 속삭인 지
어느덧 반년이 흘렀다.

괜찮아졌다고 믿었던 내 마음은
아직도 그 자리에 머물러 있다.

SNS에서 강아지나 고양이가
하늘의 별이 되었다는 장면을 볼 때마다,
그날의 네가 떠올라 눈물이 멈추질 않아….
내 눈물이, 그리고 이 마음이
말해 주고 있는 것 같아.

하루 네가 너무 보고 싶고, 그립다고.

가족과의 이별이 이렇게 아픈 건 줄,
이렇게 오래가는 줄 몰랐어.
아마 10년이 지나고, 20년이 지나도
너는 여전히 생각날 거야.

왜냐하면,
넌 지금도 내 마음속에 살아 있으니까.

내게 사랑이란

나에게 사랑은
설레는 봄처럼 다가오지만
설렘이 무르익어 익숙함이 된다.
그런 익숙함을 소중히 여기는 것.

사랑은 모양이 여러 가지라
어떤 모습이 될지 모르겠지만
마음이 엇갈리더라도
포기하지 않고 노력하는 것.
서로에게 솔직해지고 이해하는 것.

함께 한 모든 추억을 간직하고 싶은 것.
오가는 대화 속에 따뜻함을 느끼는 것.
그리고 그 사람이 자꾸 생각나는 것.

이런 게 사랑이 아닐까.

눈에 보이지 않는 것들

이 세상엔
눈에 보이는 것보다
보이지 않는 것들이 더 많아.

너의 목소리,
향기로운 냄새,
간지럽게 느껴지는 촉감,
그리고 우리 곁에 머무는 공기.

하지만 그보다 더 중요한 건,

너와 나의 끈끈한 우정,
우릴 이어 주는 믿음과 신뢰,
그리고 널 향한 사랑.

이런 게 행복이지 않을까.

세상에서 가장 소중한 것들은
눈이 아닌, 마음으로 보아야 해.

늘 그랬듯 언제나

쉽지 않았던 말들이,
지쳤던 마음이,
잃어버릴까 두려웠던 관계가
시간이 흘러 지금의 우리가 되었다.

멀고도 가까운 듯한 거리
처음 만나 설렜던 그 순간
그리고 지금까지의 여러 감정들.

지나간 우리의 모든 순간
나 그 속에 머물러 있다.

때론 어긋난다 해도,
수많은 글 속의 오해가
눈을 가려 헤맨다 해도,
서로가 더 잘 알잖아.

지치고 힘들 때 기억해
우리 함께 나누던 따뜻한 마음.

여전히 나 여기에 있으니,
예전 지금 앞으로도 함께할게요.

우리가 만나지 않았더라면

한 직장에서 만난 우리.
포근한 인상에 나의 낯가림을 무장해제할 만큼
친화력이 좋았던 사람.

몰래 춤추는 게 귀엽고,
목소리의 갭이 큰 사람.
집과 침대를 사랑하는 집순이.

오디오가 비질 않고 장난도 잘 쳐서
가끔은 귀찮게 느껴질 때도 있었지만
배 아플 정도로 웃었던
그 시절이 그리워지기도 해.

따뜻하게 안아 줘서 고마웠어.
덕분에 의지가 많이 되면서 위로도 받았어.

시시콜콜한 얘기도 많이 나누고
그런 사람이 곁에 있다는 게
참 고마워.

혼자만 간직한 마음

좋아하는 마음, 고마운 마음, 응원하는 마음,
이런 마음들을 나누면
서로의 빛이 더 환하게 퍼져.

반면,

불안하고 서운한 마음, 외롭고 슬픈 마음,
그런 마음들을 혼자 품고 있으면
너의 마음은 더 힘들어질 거야.

어떤 마음이든 나랑 나누지 않을래?

마음을 전하는 방법은
어렵지 않아.

작은 표현, 작은 흔적,
그거면 충분해.

짝사랑

꽤 오랫동안
널 많이 좋아했던 나.

혼자 간직했던 마음을
말할까 말까 수백 번을 고민해.

용기 내 고백하면
돌이킬 수 없는 사이가 될까 봐,
너를 향한 마음을 다시 넣어 두기로 해.

좋아하는 마음이 가득 차서
더 이상 갈 곳이 없었는지
이미 너에게로 흘러가고 있어.

이제 내 마음 받아 주지 않을래?
너랑 함께하고 싶어.

기다림에 지쳐서 결국은 외쳐 버렸다.

많이 좋아한다고, 많이 사랑한다고.
그러니까, 이 세상 끝까지 함께하자.

인형뽑기

카드를 긁고 목표물을 향해 움직인다.
그리고는 상하좌우로 살피며
버튼을 꾹 누른다.

될 듯, 말 듯 잡히지 않는 그 아이.
잡아도 툭, 놓쳐 버린다.

이번엔 될 것 같은데…
아쉬움에 다시 도전한다.

이번만은 꼭…!
몇 번의 시도 끝에 내 손에 안긴 인형.

운이었을지도 모르지만
해냈다는 그 기분, 조금은 뿌듯하다.

만 원짜리 인형이지만
그 과정이 즐거우니까.

그리고 인형뽑기는

마치, 좋아하는 사람의 마음을
열 번 찍어 얻는 기분이다.

할 말 있는데

어디선가 들려오는 노랫소리,
그 멜로디를 따라서
한 걸음 한 걸음
노래에 더 가까워져.

노래뿐만 아니라 그의 모습까지도
어느새 눈에 들어와

말과 행동 하나하나가
내 마음까지 웃게 만들어.

"저기, 할 말 있는데…."

"노래를 향한 그 열정,
너무 멋있고 대단해요."
"분명, 사람들의 마음도 움직일 거예요."

너를 좋아하는 이유

손잡고 같이 걷던 중,
"너는 내가 왜 좋아?"
너의 그 한마디에
잠시 멈춰 서서 생각해 봤어.

내가 너를 좋아하는 이유는
말로 다 표현할 수 없어.

아무것도 아닌 말도
너의 말이면 좋고,
아무렇지 않게 건네는 손길도
너니까 설레.

그냥, 너라서 좋아.
너 자체로도 빛나니까.

아, 확실한 이유가 딱 하나 있어.
그건… 내 마음이
너를 향하고 있기 때문이야.

그게, 내가 너를 사랑하는 이유야.

나의 연예인

학창 시절, 내가 제일 좋아했던 아이돌은
바로 동방신기였다.
하지만 내가 고3일 때
그들은 3:2로 갈라지게 되었다.

아쉬운 마음도 컸지만
그동안 내가 못 봤던 영상들과
수많은 떡밥들을 찾아보는 즐거움도 있었다.
보면 볼수록 그 사람의 매력을 더 알게 되고,
빠져들게 되고, 더 좋아지게 되니까.

그리고 지금 내가 가장 좋아하는 연예인은
가수 겸 뮤지컬 배우, 시아준수.
정말 너무 멋있고, 재밌고, 예쁘고
노래도 잘하고 춤도 잘 추는 사람.

'남자가 귀여워 보이면 끝'이라고 하잖아?
준수는 나보다 나이가 많지만
진심으로 너무너무 귀여운걸?!
귀여운 건 나이랑 아무 상관없다는 걸
준수가 증명해 주고 있어.

일부러 귀엽게 보이려는 게 아니라,
일상 속 자연스러운 말과 행동에서
그냥 묻어나는 귀여움이기 때문에
아마 준수는 할아버지가 되어서도 귀여울 거야!

준수가 하는 콘서트는
예매의 순간이 곧 전쟁이 되지만,
뮤지컬만큼은 꼭 챙겨 보려 한다.

공연을 보다 보면 함께 출연하는 배우분들도
자연스럽게 눈에 들어오고,
"이 배우도 너무 좋은데?" 하며
그분의 작품도 찾아보게 된다.

나에게 좋은 영향력을 주는
소중한 연예인, 시아준수.

그냥 준수가
이 세상에 가수로, 뮤지컬 배우로
존재해 주는 것만으로도
너무 고맙고 감사하다.

무대 위에서 빛나는 준수처럼,

나도 책 안에서 빛나는 서온이가 될게.

설렘이 내려와

남자친구나 여자친구가 생기면
밥 먹듯이 자연스레 하게 되는 데이트.

널 만나기 전날부터
어떤 옷을 입을지 고민에 빠진다.
예쁘게 보이고 싶은 마음에
옷장을 열고 옷들을 하나씩 꺼내어
몸에 대 보고, 거울 앞에서 이리저리 서 본다.

"옷은 많은데, 입을 만한 옷이 없네."
외출할 때마다 늘 하게 되는 말.

고심 끝에 고른 옷을
가지런히 침대 옆에 걸쳐두고,
내일 너를 만난다는 생각에
괜히 밤이 설렌다.

다음 날, 약속한 카페에서 만난 너.
멀리서부터 반가운 마음에
절로 입가에 미소가 번진다.
따뜻한 커피를 사이에 두고

이야기를 꽃피운다.

그렇게 너와 나,
커피를 마시고 밥을 먹고,
서로의 손을 꼭 잡고 거리를 걷는다.
둘만의 시간, 둘만의 공간.

그리고 어느새,
헤어져야 할 시간이 찾아온다.
"오늘 즐거웠어. 다음에 또 보자."
사랑스러운 말과 함께
조심스레 안고, 입맞춤을 나눈다.

함께하는 시간이 참 소중하다.
그리고 그 시간이
너와 함께여서 더 좋다.

어디로든 문

어릴 적, 재밌게 봤던 도라에몽.
도라에몽이 있었으면 좋겠다는 생각
지금까지도 남아 있어.

동글동글 짧뚱한 파란 몸.
배에 달린 신기한 주머니 속,
제일 탐났던 아이템 어디로든 문.

어디든 바로 갈 수 있는 문이
내게도 있다면 얼마나 좋을까.

가 보고 싶었던 나라도 가고
출퇴근길 걱정 없이 바로 도착.
그리고 그 문을 통해
네가 있는 곳으로.

그러니,
그 신통한 주머니 좀
빌려주지 않을래?

빛바랜 햇살

카페에 앉아 한 사람을 기다리고 있었다.
그를 만나기 전까지 쿵쾅대던 심장 소리와
가라앉지 않는 긴장감에
몇 번이나 심호흡을 해본다.
면접 볼 때보다 훨씬 더 떨렸던 것 같다.

사실 처음부터 순조롭진 않았다.
약속 장소에 도착하고 나서
여기로 오라고 보내 준 지도를 보는데 이상했다.
'엇? 지금 여기가 아닌데…
잘못 내린 건가' 하고 당황했다.
나를 기다리고 있는 사람한테 그 얘기를 했다.
그는 미안하다는 말을 몇 번이나 반복했다.

"내가 자세히 설명을 안 했구나. 미안해."
"여기로 와. 생각보다 가까워."

그가 다시 이쪽으로 오라고 했을 때,
솔직히 말해 살짝 짜증이 났지만
'아쉬운 사람이 만나러 가야지 어쩌겠어' 하며
그가 있는 곳으로 발걸음을 돌렸다.

아직 일이 끝나지 않았다며
역을 나오면 바로 보이는 투썸에
들어가 있으라고 했다.
미안해서 그러신 건지,
커피를 사 주겠다고 하셨다.

도착하면 보이스톡 하라는 말에,
카페 문을 들어서자마자 보톡을 걸었다.
통화 너머로 들려오는 목소리-
사투리 억양이 녹아든
익숙하면서도 친근한 말투에
'목소리는 여전하네…'라는 생각이 들었다.
그가 무언가 말할 때마다
나는 "네~"만 세 번 반복하고 전화를 끊었다.

오랜만이라 그런지
복잡하고 미묘한 감정이
가슴에 가라앉아 있었고,
나는 그저 그가 오기만을 기다렸다.

기다림에 지쳐 갈 무렵,

카페 안으로 들어오는 그의 모습이 보였다.
나도 모르게 웃음이 번졌다.
그 역시 나를 보며 웃고 있었다.

그 순간,
지하철을 다시 타고 돌아왔던 일도,
길을 헤매며 당황했던 것도,
하염없이 기다리며 지쳐 있던 마음도
전부 스르르 사라지는 느낌이었다.
오늘 하루의 모든 수고가
그 눈앞에서 조용히 잊혀지는 것만 같았다.

그는 도착하자마자 나에게 인사를 하며
늦어서 미안하다고 또 사과를 했다.
그러고는 키오스크 앞으로 가서
내가 마실 음료를 주문해 주었다.

"커피 뭐 마실래?"
"헤아?"
"아메리카노에 헤이즐넛 시럽 추가하는 거지?"
"케이크는 괜찮아?"

"아이스지?"

질문이 이어졌고,
나는 그저 "네!"라는 대답을 반복하며
머쓱하게 웃었다.

주문을 마치고 돌아온 그가 내 앞에 앉았다.
레슨 할 때나 같이 산책할 때에도
늘 옆자리에 있던 사람이었는데,
이렇게 마주 앉으니 어색함이 밀려왔다.
무슨 말을 꺼내야 할지,
어떤 표정을 지어야 할지
모든 게 낯설었다.

그때 타이밍 좋게 음료가 나왔고,
그는 커피를 가져다주었다.

손에 들려있는 컵이 하나뿐이어서
"오빠는 안 마셔요?" 하고 물었더니
"이미 많이 마셔서 괜찮아"라고 답했다.
혼자 마시는 게 어색해서

괜히 미안한 기분이 들었지만
감사하게 받았다.

긴장한 나머지,
커피를 마시다 그만 조금 흘리고 말았다.
그 모습을 보던 그가 물었다. "흘렸어?"
순간 반사적으로 "아니요?!"라고 할 뻔했지만
이미 옷소매로 슥슥 닦고 있던 터라
"네, 흘렸어요…" 하고 솔직하게 말했다.
그는 아무 말 없이 일어나 티슈를 가져다주었다.
분명 속으로 '으이구' 했을 거다.

커피 소동이 지나가고,
다시 어색함이 찾아온 순간-
빤히 바라보는 그의 시선이 부담스러워
괜히 다른 곳을 보는 척 눈을 피하기 바빴다.

마치 내 얼굴을
찬찬히 살펴보는 것 같은 느낌에
나는 그대로 굳어 버렸다.
"왜 그렇게 봐요!" 하며 민망해했더니,

그의 입에서 예쁘다는 말이 나왔다.
잘못 들은 줄 알고 "네?" 하고 되물었다.

그러자 그는,
이마가 예뻐서 앞머리가 없어도 괜찮다고
분명하게 말해 주었다.
그한테서 처음 듣는 칭찬이라
낯설고 어색했는지,
나는 잠시 벙쪄 있었던 것 같다.

그러던 중, 그가 내 핸드폰을 보더니
"폰 바꿨네?" 하며 기종이 뭔지 물었다.
어쩜 그렇게 매번 귀신같이 알아채는지,
정말 신기했다.

그 후로도 짧은 대화를 여러 번 나누며,
조심스레 주고받은 말들 속에서
몸과 마음의 긴장은 조금씩 풀려 갔다.

어느 순간부터는 나도 그의 눈을 마주치며
편하게 이야기하고, 웃고 있었다.

일어나기 5분 전,
이제 슬슬 시작해 보라는 그의 말에
나는 가방 속에서 조심스럽게 선물을 꺼냈다.
"이거 드리고 싶었어요."
"집에 가서 열어 보세요."
말과 함께 건넨 작은 상자.

고맙게 받아든 그는
상자 안이 궁금한 듯 흔들어 보며 물었다.
"지금 열어 보면 안 돼?"
"너 먼저 보내 놓고 열어 봐도 돼?"
하지만 나의 만류에
그 상자는 이곳에서 봉인해제를 하지 못했다.

그리고 "편지도 썼어?" 하고
기대 섞인 눈빛으로 묻는 그 말에
"네!" 하고 대답하며 웃었더니,
그가 조용히 말했다.
"나 네 편지 좋아하는데…."
'오빠가 내 마음을 따뜻하게 받아 주고 있구나'
하는 생각이 들어서 기분이 좋았다.

항상 진심을 꾹꾹 눌러 담아 쓴 편지가
내 손을 떠나,
그 사람의 마음에 닿게 되는 순간이 오면
'혹시 오글거리진 않았을까.'
'부담으로 느껴지진 않았을까.'
그런 걱정들이 스멀스멀 피어나곤 한다.

그럼에도 내 마음을 좋아해 주고
조심스럽게 받아 주는 사람이 있기에,
나는 지금까지 글로 마음을 표현할 수 있었고
또 앞으로도 계속 표현할 수 있다는 거잖아?

그러니 나는,
그 소중한 마음을
전할 수 있다는 것만으로도 감사해.

선물 포장도 직접 한 거라고 깨알어필하자
"어, 그러네?" 하며
내 손길이 묻은 흔적들을 하나씩 발견하신다.

받기만 해서 미안한지 큰 가방을 뒤적이며

"이거라도 할래?" 하고 꺼내 주신 건
스쿼트 밴드였다.
나는 처음 보는 물건에
"스쿼트요?" 하고 되물었고,
다리에 끼고 스쿼트 운동하는 거라며
두 번밖에 안 썼다고 그가 말했다.

뭐라도 해 주고 싶어 하는
그의 마음이 고마웠다.

시간이 다 되어 우리는 자리에서 일어났다.
내가 썼던 티슈를 치우려고 집는 순간,
그는 조용히 내 손에서 받아가
내가 마신 컵까지 손수 정리해 주었다.
익숙하지 않았던 그의 배려가
그 순간 내 마음을 살짝 움직였다.

예전과는 달라진 모습.
톡에서만 느껴지던 따뜻함이
그의 행동 속에도 묻어 있었다.

집으로 돌아와 그에게 톡을 보냈다.
시간 내주셔서 정말 감사했다고,
오랜만에 만나서 너무 반가웠다고,
많이 어색했지만 그래도 편하고 좋았다고.

그날의 따뜻했던 순간이
오래 마음에 머물 수 있기를 바라며
다시 한 번 감사 인사를 전했다.

그랬더니 오빠가,
"나도 반가웠어."
"얼굴이 더 밝아진 것 같아서 보기 좋더라."
라고 답해 주셨다.

"오늘은 많이 웃었던 것 같아요."
"오빠 앞에선 늘 울기만 했던 것 같은데… 헤헤."
가벼운 느낌으로 살짝 장난스럽게 보낸 내 말에,
돌아온 그의 답은 예상 밖이었다.

"그래, 웃는 모습이 좋더라."
"많이 울려서 미안해."

그 말에 마음이 울컥하더니,
눈물이 어느새 앞을 가렸다.
그 얘기를 일부러 꺼낸 건 아니었는데,
오빠의 "미안해"라는 말이
내 마음 깊은 곳을 툭 건드린 것 같았다.

그날, 그는 "미안해"라는 말을 많이 했다.
길을 잘못 알려 줘서, 늦어서,
그리고 날 울려서.

그건 단순한 사과가 아니라
마음을 조심스럽게
꺼내 놓는 방식이었는지도 모른다.

오빠가 건넨 "미안해"라는 세 글자엔
말로 다 하지 못한 작은 배려와 따뜻함이
가만히 스며 있었다.

그렇게 오빠는 또, 나를 울린 사람이 되었다.
정확히 말하자면
내 마음을 참 잘 울리는 사람이다.

그래서였을까,

내가 오빠를 보며

환하게 웃었던 적이 별로 없었구나.

오빠 앞에서 얼마나 눈물을 보였으면

많이 울려서 미안하다는 말을 꺼냈을까…

"웃기만 하자, 이제."

그가 울보인 나에게 해 준 이 말이

이제 울 일은 없을 거라고 말해 주는 것 같았다.

드디어 울보 타이틀을 벗게 되는 것인가…!

앞으로는 웃는 모습 많이 보여야지.

그렇게, 마음 한켠에

오래되어도 여전히 따스한

빛바랜 햇살 하나를 품게 되었다.

너에게

너에게 항상
위로와 응원을 받기만 하던 부족한 내가,
이제 너에게 무엇을 해 줄 수 있을지
고민해 봤어.

마음 같아선
내가 가진 것들 모두 다 주고 싶지만,
그럴 수 없다는 거 나도 알아.

그래도, 내가 가진 사랑만은
아낌없이 너에게 주고 싶어.

힘든 일도, 기쁜 일도,
언제나 네 곁에서 함께할게.

내가 가진 사랑으로,
내가 가진 힘으로,
너의 마음을 따스하게 데펴 줄게.

무슨 일이 있어도
나는 언제나 너의 편이야.

Part 5.

잠들지 않는 꿈

잠들지 못한 마음이
찾아가는 곳

꿈속에서

잠든 사이,
나는 어느 흐릿한 세상으로 스며든다.

좋았던 꿈은 아침 안개처럼 사라지고,
쫓기던 그림자는 깊은 잠결을 오래 맴돈다.

가끔은,
내가 꿈을 꾸고 있다는 걸
희미하게 느끼면서도 깨어나지 않는다.

그때 나는,
끝없는 하늘을 떠돌고,
불가능했던 소원을 맘껏 이루어 낸다.

모든 것이 흐릿하고,
모든 것이 자유롭다.

잠든 나의 마음이
또 다른 나를
고요히 부르고 있었다.

상상 속 인물

내가 상상 속의 인물이 된다면
어떤 모습일까.
그런 생각을 자주 한다.

나에게 어울리는 상상 속 인물은
아마도 드라큘라일 것이다.

피를 마시지 않을 뿐,
햇빛을 피해 밤에 활동한다는 점은
어쩐지 나와 닮았다.

깊은 밤, 조용한 세상 속에서
혼자 깨어 있는 시간이 더 익숙하다.
사람들의 시선과 소음이 사라진
그 고요함 속에서
나는 오히려 나답게 숨 쉴 수 있다.

하지만 드라큘라는
언제나 외로운 존재로 그려진다.
세상에 오래 머무르지만,
누구와도 온전히 함께하긴 어렵다.

나도 그럴까?
조금 다르지만, 아주 다르지는 않은 것 같다.
나 역시 혼자 있는 시간이 편하면서도
가끔은 누군가의 온기가
그리워질 때가 있으니까.

그래도 괜찮다.
짙은 어둠이 나를 품어 줄 테니까.

모든 것이 조용해진 그 밤,
나는 나로 살아간다.

생각과 상상의 사이

생각의 끝은 어디일까.

한번 떠오르면
꼬리에 꼬리를 물고 이어져
좀처럼 멈춰지지 않아.

생각은 상상으로 이어지고,
현실에서의 생각과
꿈속의 상상이 만나
좋은 시너지를 만들어 내.

무엇을 상상하든
그 이상이 될 수 있어.

그러니,
무한한 가능성을 펼쳐 보자.

지니야, 듣고 있어?

나의 두 번째 뮤지컬 알라딘.
무대 위에서 펼쳐진 마법 같은 장면들,
지니의 유쾌한 등장, 그리고 반짝이는 요술램프.
공연이 끝난 뒤에도
마음이 쉽게 가라앉지 않았다.

굿즈 코너 앞에서 한참을 망설였다.
요술램프를 살까 말까.
알라딘이 가지고 있던 그 요술램프가
생각보다 꽤 비싼 몸값을 자랑하고 있어서
나는 결국 다른 굿즈를 골랐다.

하지만 집에 돌아오자마자
계속해서 그 램프가 눈에 밟혔다.
머릿속에서 반짝이며 아른거리는 금빛 램프.
이건 안 사면 계속 생각나겠구나 싶었다.
그래서 다시 마음을 먹었다.

"거기 딱 기다려, 내가 간다!"

그리고 결국, 요술램프를 데려왔다.

금빛으로 반짝이는 자태는
생각보다 훨씬 더 '진짜' 같았다.

괜히 손으로 한 번 슥
문질러 보게 되는 모양새였다.
이 램프에서 지니가 튀어나올지도 모른다는
생각이 들었다.

만약 정말로 지니가 나타나
세 가지 소원을 들어주겠다고 한다면,
나는 이렇게 말하고 싶다.

첫 번째 소원,
내 글, 내 마음이 누군가에게 닿기를.

두 번째 소원,
소중한 사람들과 함께하기를.

그리고 세 번째 마지막 소원,
하루하루 행복함을 느끼며 살아가기를.

지니가 과연 내 소원을 들어줄까?

간절한 내 마음이 지니에게 닿아서,
꼭 이루어졌으면 좋겠다.

내 안에 떠오른 보름달

퇴근길, 어둠이 내려앉은 밤하늘엔
쟁반같이 둥근 보름달이 떠 있다.
달 주변엔 아무도 없었지만,
오직 자신의 빛으로 어둠을 밝혀 주는
보름달을 보며 생각했다.

노랗게 빛나는 보름달 안에는
내가 보고 싶은 사람, 내가 좋아하는 사람,
내가 소망하는 모든 것이 다 있겠지?

손을 뻗어도 닿을 수 없는 저 멀리에 있지만,
언제나 나와 함께하고 있는 것 같아.

나를 천천히 따라 움직이는 보름달.
내가 가는 길을 조용히 비춰 주고 있었구나.
덕분에 오늘도 집까지 잘 도착했어.
지켜 줘서 고마워.

어둠 속에서 날 지켜 주던 그 보름달이
어쩌면,
내 안에서도 조용히 함께하고 있었는지도 몰라.

너의 흔적

여전히 넌 내 맘 깊은 곳에
작은 추억의 조각들이 모여
큰 그리움으로 남아 있어.

우리 함께했던 날 전부
오래오래 간직할게.

활기차게 잘 놀았던 날도,
아파서 힘들어했던 날도,
다 너의 흔적으로 남아서
쉽게 잊혀지지 않아.

우리 다시 만나는 날
내가 먼저 달려갈게
그땐 웃으며 맞이하자.

표현하지 못했던 온 마음으로
너를 더 많이 사랑할게.

하늘에서 온 편지

갑작스런 사고로, 질병으로 인해
하늘의 별이 된 사람들.

가족을 잃고, 연인을 잃고,
친구를 잃은 사람들에게
이 편지를 보낸다.

흐른 눈물을 닦아 주며
"울지 마…."
"내가 떠난 자리를
너의 사랑으로 채워 줘."

나는 천 개의 바람이 되어
저 넓은 하늘 위를
자유롭게 날고 있으니,

언제 어디서든
그대 곁에 함께할게요.

마음이 밝혀 주는 빛

캄캄한 어느 곳,
아무것도 보이지 않는다.
여긴 어디지?

더듬더듬 주위를 더듬으며
빛을 찾으려 애쓰지만,
손에 잡힐 듯,
잡히지 않는다.

드디어,
손안에 들어온 조명.
불을 켜자,
온 세상이 환해진다.

마음의 빛도 그런 거 아닐까.
어둠 속에서 힘겹게 찾아낸
작은 빛 하나.

그 빛이 우리를 지켜 줄 거야.

작은 빛을 따라

가끔은,
내 앞길이 온통 어둡게만 느껴질 때가 있어.

아무것도 보이지 않고,
어디로 가야 할지 모를 때에도
나는 작은 빛 하나를 떠올린다.

크지 않아도 괜찮아.
멀리 있어도 괜찮아.
흔들려도 괜찮아.

그저 작게, 조용히 빛나는
나만의 작은 별 하나.

그 별을 따라,
나는 다시 걸어간다.

조심스럽지만,
분명히 앞으로 나아간다.

언젠가는,

내 걸음도 누군가에게
작은 빛이 되기를 바라면서.

끝없는 밤을 가르며

나는 어디로 가야 할까.
길을 잃은 아이처럼
발을 떼기가 겁이 나.

불확실한 미래,
걱정으로 잠 못 이루던 밤,
생각이 끝없이 펼쳐진다.

두려움을 뒤로한 채 희망을 안고
희미해진 꿈을 좇아.

슬픔의 잔해를 넘어,
나의 꿈이 머무는 곳으로
천천히 달려가 보자.

그곳으로 가는 과정 속에서도
소중한 것을 얻게 될 테니.

너의 꿈을 응원해

어릴 적 꿈꾸던 수많은 꿈들이
어른이 되면서 하나둘 사라져 가.

그저 흘러가기만 하는 시간 속에
어느새 마음은 공허함으로 가득 차.
그 틈 사이로, 너의 꿈이 자라나기를….

작은 꿈이어도 괜찮아.
네가 진심으로 바라는 것,
그곳에서부터 시작하면 돼.

소중한 너의 작은 꿈을
지켜 내기 위해
내가 곁에서 늘 응원할게.

그러니,
우리 함께 계속 꿈을 꾸자.

해피엔딩

모든 이야기의 끝이
언제나 해피엔딩이면 좋겠다는 생각을 한다.

현실에서는 모두가 웃으며 끝나는 결말을
쉽게 맞이하긴 어렵겠지만
그래도 나는 바란다.
삶도, 드라마나 영화처럼
훈훈한 마무리였으면 좋겠다.

누군가는 사랑에 실패하고,
누군가는 꿈을 이루지 못하고,
또 누군가는 마음에 오래 남을 상처를
안고 살아간다.

그래서 해피엔딩은
어쩌면 먼 이야기처럼 느껴질지도 모른다.
하지만 꼭 거창하고 눈부신 결말만이
해피엔딩은 아닐 것이다.

하루를 잘 견뎌 낸 내가 있고,
소소한 기쁨이 남아 있는 저녁이 있고,

마음을 기대어 잠들 수 있는 밤이 있다면-
그건 분명
햇살처럼 은은하게 스며드는 해피엔딩일지도.

나에게 해피엔딩이란
세상을 다 가진 결말이 아니라,
내가 평화롭게 머무를 수 있는 마음의 자리.

넘어지더라도
그 자리에서 다시 웃을 수 있다면,
아직 끝나지 않았더라도
지금 이 순간이 따뜻하다면-
그건 충분히, 해피엔딩이다.

이 조각들을 꺼내어 적어 내려간 시간 동안
분명히 조금 더 나를 이해하게 되었고,
나를 더 다정하게 바라보게 되었다.

어떤 글은 그대의 하루를 위로하고,
어떤 글은 그대의 추억을 불러오고,
또 어떤 글은 그대의 마음에 살짝 기대었기를.

마음 한 조각을 함께해 주신 독자님들께
진심으로 감사드립니다.

마음 한 조각

ⓒ 혜신, 2025

초판 1쇄 발행 2025년 7월 27일

지은이	혜신
펴낸이	이기봉
편집	좋은땅 편집팀
펴낸곳	도서출판 좋은땅
주소	서울특별시 마포구 양화로12길 26 지월드빌딩 (서교동 395-7)
전화	02)374-8616~7
팩스	02)374-8614
이메일	gworldbook@naver.com
홈페이지	www.g-world.co.kr

ISBN 979-11-388-4481-9 (03810)

- 가격은 뒤표지에 있습니다.
- 이 책은 저작권법에 의하여 보호를 받는 저작물이므로 무단 전재와 복제를 금합니다.
- 파본은 구입하신 서점에서 교환해 드립니다.